비로소,
진정한 나를 살다

Living Your True Self

Living Your True Self

**HONTO NO JIBUN WO IKIRU : JINSEI NO ATARASHII KANOSEI WO HIRAKU
8TSU NO KEY MESSAGE** by ENOMOTO HIDETAKE

Copyright ©2017 by ENOMOTO HIDETAKE
Originally published in Japanese as HONTO NO JIBUN WO IKIRU :
JINSEI NO ATARASHII KANOSEI WO HIRAKU 8TSU NO KEY MESSAGE

This Korean translation edition ©2022
by REFINE BOOK Co, Seoul, Republic of Korea.

This Korean edtion is published by arrangement with
SHUNJUSHA through Eric Yang, Seoul, Republic of Korea.

이 한국어판의 저작권은 에릭양 에이전시를 통하여 春秋社(춘추사)와 독점계약한
리파인북(리파인교육컨설팅)에 있습니다. 신저작권법에 의하여 한국 내에서 보호받는
저작물이므로 무단 전재와 무단 복제를 금합니다.

비로소,
진정한
나를 살다

에노모토 히데타케 지음
이선화 옮김

인생의 새로운 가능성을 열어줄 8가지 키 메시지

REFINE
BOOK

그 누구도 아닌
가장 나답게 인생을 살고 싶은
모든 분들에게 이 책을 드립니다.

목차 Contents

이 책을 손에 들고 계신 당신에게 먼저 감사의 인사를 드립니다.

그리고, 한 가지 질문을 드리겠습니다. 당신은 왜 이 책을 손에 들고 계시나요? 어쩌다 들른 서점에서 책 제목에 끌렸나요? 지인의 추천으로 인터넷에서 구매를 했나요? 어떤 이유이든 상관없습니다. 그러나 지금 당신의 깊은 곳에 '진정한 나'를 갈구하는 마음이 있었기에 이 책이 눈에 들어오지 않았을까요?

'진정한 나'로 산다는 것은 달리 표현하면 '나다움'을 말합니다. 이 세상에 태어난 이상 그 누구도 아닌 가장 나다운 인생을 살고자 하는 마음은 누구에게나 있습니다. 이 '그 누구도 아닌 가장 나다운 인생을 산다'는 것이 바로 '진정한 나를 산다'는 뜻입니다. 이것은 단순히 '다른 사람과는 다른 인생을 산다'는 것이 아닙니다. 모든 사람에게는 각기 그 사람만의 인생이 있습니다. 나만의 인생이란 무엇인가를 스스로 발견하고, 그것을 살아내는 것이 '진정한 나를 산다'고 하는 의미가 아닐까요? 저는 그렇게 생각합니다.

이 책을 쓴 목적

그렇다면 진정한 나를 살기 위해서는 어떻게 하면 될까요? 이 물음이 바로 이 책의 주제입니다. 이 책을 쓴 목적은 제가 제 인생에서 생각하고 실천해온 것을 당신과 공유하는 것입니다. 다만, 이 물음에 대한 답은 한 가지가 아닐 것입니다. 이 책에서 제가 소개하는 것은 무수히 많은 답 중에 하나에 지나지 않을 것입니다. 그럼에도 굳이 공유하고자 마음먹은 것은 제가 생각하고 실천한 것들이 우리가 살아가는 세계의 일반적인 기준이나 상식에서는 꽤 어긋난 것이기 때문입니다.

사람은 지금까지 자신이 살아온 것과는 완전히 다른 이념과 맞닥뜨렸을 때에 의식 속에서 '흔들림'이 생깁니다. 지금까지 당연시 여겼던 것에 대해 의문을 품게 됩니다. 이 의문은 당신의 마음을 불편하게 만들 것입니다. 그러나 이 흔들림을 피하지 않고 지금까지 당신이 품어온 생각에 대해 되묻는다면 여기서부터 당신의 눈 앞에는 새로운 선택지가 나타날 것입니다. 이것은 외국을 여행했을 때 느끼는 컬처 쇼크와 비슷할지도 모르겠습니다. 살던 곳과 완전 다른 환경과 문화와 풍습에 처음에는 당혹스럽다가도 얼마 안 가 익숙해집니다. 그러다 보면 '그래, 이렇게 생각할 수도 있고, 이런 방식도 있겠구나'하는 생각이 들면서 당신의 생각의 폭이 조금씩 넓어지는 것을 느낄 것입니다.

이 책을 읽는 당신이 앞으로의 인생을 어떻게 살아갈 것인가를 생각하는 '흔들림'에서 시작해서 그 결과로 새로운 선택지가 생겨난다면 저는 이 책을 쓴 보람을 느낄 것입니다. 저는 당신이 이 책의 내용을 '이렇게 살면 되겠구나' 하고 하나의 정답으로 받아들이는 것이 아니라 오히려 '나는 앞으로 어떻게 살고 싶은가?'라고 하는 질문과 마주하게 되기를 바랍니다. 어떻게 하면 진정한 나를 살 수 있는가에 대한 답을 가지고 있는 것은 이 세상에 당신 밖에 없습니다.

이 책이 탄생하기까지

2012년 12월 19일, 마흔 여덟 살이 되는 생일에 저는 '잘 살기 연구소'를 창업했습니다. 홈페이지를 만들면서 저는 '내가 어떤 사람인지'를 알리기 위해 사회 생활을 시작한 이후의 제 인생을 '라이프 저니(Life Journey)'라는 이름으로 스토리를 만들기로 했습니다. 지난 20여 년 동안 제 삶에 일어난 사건들을 3~5년 단위로 끊으니 총 여덟 개의 에피소드가 나왔습니다. 그리고 각각의 에피소드 속에서 '진정한 나'를 사는 데 있어서 중요하다고 생각하는 것들을 '키 메시지(Key Message)'의 형태로 적었습니다.

홈페이지 개설 후 얼마 지나지 않아 라이프 저니를 읽어 주신 몇몇 분들이 '너무 재미있다. 홈페이지에만 싣기에는 아깝다. 다른 형태로 공유해주지 않겠냐'고 하는 조언을 해 주셨습니다.

그래서 탄생한 것이 '잘 살기 카페'입니다. 평일 밤 2시간 정도 시내의 한 카페를 빌려서 한두 개의 라이프 저니 에피소드와 함께 키 메시지를 소개하고, 그 내용을 바탕으로 참가자들과 함께 대화를 나누는 자리를 갖기로 했습니다.

처음에는 제 이야기를 늘어놓고 나눔의 시간을 갖는 것이 자칫 잘난 체하는 자리로 보일 것 같은 두려움과 아무도 오지 않으면 어쩌나 하는 불안감이 있었습니다. 그러나 막상 시작을 해보니 의외로 매번 정원 20명을 초과하여 많은 사람들이 찾아와 주며 좋은 반응을 보여준 덕분에 한두 번에 그치지 않고 여러 차례 진행하게 되었습니다. 그리고 나눔의 시간에 적극적으로 참여하는 분들을 보면서 여기에는 제 스토리를 뛰어넘는 무언가가 있다고 느끼게 되었습니다.

잘 살기 카페를 통하여 제가 느낀 바를 확인하기 위해 이번에는 인원수를 열 명 정도로 제한하고, 4회 시리즈로 전체 에피소드와 키 메시지에 대하여 깊이 있는 대화를 나누는 '잘 살기 세미나'라는 워크숍을 열었습니다. 저도 대화에 함께 참여하면서 키 메시지에 대해 진지하게 이야기를 나누는 가운데 이 속에 깊은 의미 하나하나가 실타래 풀리는 느낌으로 다가왔습니다. 결국 잘 살기 세미나도 세 차례 진행되었고, 그때마다 참가자들이 앞으로의 삶의 방식에 대하여 새로운 시각과 가능성을 발견하며 힘을 얻는 모습을 보면서 세 번째 세미나가 끝나갈 무렵에는 세미나에서 나눈 대화를 바탕으로 책을 만들어야겠다는 생각을 하게 되었습니다. 그 후 여러 사정으로 공백의 시간이 있었지만, 다행히도 이 계획에 관심을 가져준 출판사를 만나게 되면서 탄생한 것이 바로 이 책입니다.

이 책을 읽는 방법에 대하여

이 책은 여덟 개의 에피소드와 여덟 개의 키 메시지 해설의 두 축으로 구성되어 있습니다. 앞에서 소개한 것과 같이 에피소드들은 제가 사회 생활을 하면서부터 잘 살기 연구소를 설립하기까지의 이십여 년의 경험과 그 경험을 통해 느낀 것들을 스토리 형식으로 엮은 것입니다. 얼핏 보면 반생을 살아온 제 자서전처럼 보일지도 모르겠습니다. 그러나 저는 제가 살아온 인생을 보여드리고자 이 책을 쓴 것이 결코 아닙니다. 오히려 역점을 두었으면 하는 부분은 키 메시지와 해설입니다. 다만, 자칫 추상적으로 들릴 수 있기 때문에 이것을 실제 인생에 반영시키면 어떻게 되는지 연상하는 데 도움이 되었으면 하는 의도로, 말하자면 '사례'로 제 스토리를 소개했을 뿐입니다.

따라서 이 책의 에피소드와 키 메시지를 읽을 때 이것이 남의 이야기가 아닌 자신의 인생에 적용해보기를 권합니다. '지금까지의 인생을 뒤돌아보았을 때 이 책에 소개된 내용 중에 당신도 비슷한 경험을 한 적이 있나요?' 있다면 그때 '당신은 어떻게 생각하고, 어떤 선택을 했나요?' 또, '당신은 지금 인생에서 어떤 상황에 놓여있나요?' 만일 '이 책 속에서 제가 했던 생각을 당신에게 적용한다면 어떤 선택지와 가능성이 보일까요?' 이러한 질문을 스스로에게 던지면서 이 책을 읽어 주셨으면 합니다.

가능하다면 이 책을 처음부터 끝까지 한번에 다 읽는 것이 아니라 한 챕터를 읽고 나서 잠시 멈추고 책에 쓰여진 것들을 한두 주 정도 당신의 삶에 적용해보는 시간을 가지면 좋겠습니다. 그리고 조금이라도 제가 했던 방식이 당신의 삶에도 적용될 가능성이 보인다면 다음 챕터로 넘어가기를 바랍니다. 실제로 해보면 아시겠지만, 이러한 삶의 방식에는 지금까지의 사고방식과 의식을 바꾸는 큰 변화가 필요합니다. 안타깝게도 하루 아침에 바꿀 수 있는 것이 아닙니다. 의식적으로 끊임없이 실천해 갈 때 비로소 서서히 바뀌어 갑니다. 말하자면 '의식의 근력운동'을 해야 하는 것입니다.

당연한 말이지만, 이 책에 쓰여진 내용들을 모두 곧이곧대로 실천할 필요는 없습니다. 자신에게 맞지 않는 부분은 그냥 넘겨도 좋습니다. 그러나 이 책을 읽는 당신에게 '진정한 나를 사는 것이 어떤 것인가?', 그리고 '어떻게 하면 진정한 나를 살 수 있는가?' 하는 질문을 마주하고, 새로운 가능성을 향해 한 발 내딛는 계기가 되기를 진심으로 바랍니다.

〈비로소, 진정한 나를 살다〉 한국어판을 내며

생명을 부여받고 이 세상에 태어난 이상, 그 누구도 아닌 가장 나다운 인생을 사는 것은 누구나가 원하는 일입니다. 그러나 우리는 어떻게 하면 그런 인생을 살 수 있는지를 몰라 남들이 정해 놓은 '좋은 인생'이라는 기준에 자신을 끼워 맞추려고 노력하다가 결국은 아무리 애를 써도 거기에서는 진정한 기쁨과 만족감을 얻을 수 없다는 것을 깨닫고 방황하기도 합니다.

이 책에서는 여러분들에게 '인생의 새로운 가능성을 열어줄 여덟 개의 Key Message'와 함께 '생기가 넘치는 인생을 살기 위해서 필요한 것은 무엇인가?'에 대해 제가 고민하고, 실천해온 것들을 소개하고 있습니다. 여기서 저는 '진정한 나를 살기 위해 중요한 것'은 Doing이 아니라는 점을 강조하고 싶습니다. 우리는 인생이 뜻대로 되지 않을 때 가장 먼저 Doing을 바꾸려고 합니다. 그러나 그보다 앞서 해야 할 것은 Seeing을 바꾸는 것입니다. 왜냐면 Seeing이 바뀌면 Doing은 저절로 바뀌기 때문입니다. 컴퓨터에 빗대어 보면 Doing은 어플리케이션, Seeing은 OS(Operating System)에 해당합니다. 당연한 말이지만, OS를 제대로 들여다보지 않고 어플리케이션 조작만으로 인생의 문제를 극복하려고 한다면 분명 한계에 부딪히고 말 것입니다. 그런 의미에서 이 책에서 소개하는 '여덟 개의 Key Message'는 모두 '삶의 방식을 정하는 OS'에 관한 것들입니다. 게다가 우리가 지금까지 일반적으로 생각해오던 것과는 전혀 다른 새로운 OS입니다.

하루가 다르게 세상이 크게 바뀌는 요즘, 낡은 OS로 인생을 살아간다면 절대로 나다운 인생을 살 수 없습니다. 그렇다고 문제를 해결해야 한다는 초조함 때문에 어플리케이션만 바꾸는 것은 옳은 방법이 아닙니다. 우리가 해야 할 일은 우선 지금까지 사용해오던 OS를 점검하고, 쓸모 없어진 부분은 새로 업그레이드해야 합니다. 다만, '점검'을 할 때 무엇을 기준으로 삼아야 할지 모를 수 있기 때문에 하나의 참고서로써 이 책에서 소개하는 '여덟 개의 Key Message'를 활용하는 것을 추천하는 바입니다. 앞서 말했듯이 이 여덟 개의 Key Message에 나타나는 인생관은 지금까지 일반적이라고 여겨져 왔던 것과는 다르기 때문에 이 책을 읽는 독자에 따라 각기 다른 다양한 반응이 나타날 것입니다. 그러나 어떤 반응이 나타나건 간에 그것이 긍정적인 것이건 부정적인 것이건 여러분 자신이 어떠한 인생관을 가지고 있는가를 알 수 있는 강력한 단서가 될 것입니다. 즉, 이 책에서 제가 제시하는 여덟 개의 메시지를 그대로 따라하는 것이 아니라 독자 여러분들이 자기 자신의 인생관을 바라보고, 거기에 변화를 줄 것인지 말 것인지를 판단하기 위한 토대로 삼기를 바랍니다. 그리고 그 결과로 앞으로의 인생을 살아가는 데 있어서 지침이 되는 나만의 인생관을 발견하게 된다면 이 책을 쓴 저에게는 더할 나위 없는 기쁨이 될 것입니다.

인터넷과 매체에서는 엄청난 양의 정보가 엄청난 속도로 쏟아지고 있는 가운데 자칫하면 우리는 쉽게 휩쓸려버리고 맙니다. 이런 현실 속에서 '진정한 나'를 산다는 것은 점점 더 어렵게만 느껴집니다. 사실 진정한 나를 살기 위해 필요한 정보는 생각보다 그리 방대하지 않습니다. 이 책의 '여덟 개의 Key Message'를 통해 독자 여러분들이 정보의 홍수 속에서 자신에게 진정으로 필요한 정보를 추출하고, 이를 토대로 가장 나다운 나만의 인생을 향해 한 발 한 발 내딛기를 진심으로 기원합니다.

2022년 10월

에노모토 히데타케

가슴을 울리는 특별한 나다움

번역을 하다 보면 글을 쓴 이의 마음이 오롯이 전달되면서 마치 빙의가 되는 듯한 느낌을 받게 됩니다. 저자의 성공 경험과 인생철학을 담은 자기계발서를 번역할 때면 당장 무언가를 해야 할 것 같은 비장한 각오가 서기도 합니다. 그러나 이 책은 그 어느 때보다 특별했습니다. 한번에 술술 읽히면서 가슴 깊은 곳에서 전율이 느껴졌습니다. 그 전율을 잊지 않고 오래 간직하고 싶은 마음에 한 번 더 읽게 되었습니다. 아침 일찍 일어나서 To Do List를 만들어야 할 것 같은 느낌이 아닙니다. 나의 내면에서 울리는 희미한 소리, 나의 가슴을 두근거리게 만드는 작은 울림에 귀를 기울이게 만듭니다. 세상의 성공 기준이나 다른 사람의 시선과 판단이 아닌 오직 나 자신에게 집중하게 됩니다. 그리고 이 흐름을 타다 보면 가장 나다운 나와 만날 수 있겠다는 확신이 섭니다. 이것이 이 책이 가지는 특별함입니다.

이 책의 저자는 특유의 솔직함과 필력으로 자신의 평범하면서도 특별한 인생 스토리에 우리를 초대합니다. 저자가 제시하는 여덟 개의 Key Message는 결코 어려운 도전이나 힘든 미션이 아닙니다. 문득 떠오른 엉뚱한 생각, 우연한 만남, 예정에 없던 일… 우리 인생에서 일어나는 모든 일에 의미가 있다는 것을 쉽고 구체적으로 알려줍니다. 그리고 그 스토리에 나의 인생을 대입할 수 있도록 이끌어줍니다. 야심 차게 계획을 세울 필요가 없습니다. 그냥 나의 내면의 소리에 귀를 기울이기, 지금까지 해오던 것에서 손을 떼고 미지의 영역에 뛰어들기, 그 흐름에 몸을 맡기기, 그리고 흐름의 변화를 알아차리고 바뀐 흐름을 타기만 하면 됩니다. 어쩌면 나도 내 인생의 몇몇 장면에서 해왔을 수도 있는 일들입니다. 저자는 내가 그것들을 알아차리고, 그것들에 민감해지고, 의미를 찾고, 흐름을 탄다면 가장 나다운 나의 모습으로 진정한 나를 살 수 있다고 알려줍니다. 이제 이 책을 한 챕터씩 읽어가며 삶에 적용해 보길 바랍니다. 나의 의식이 조금이라도 변화된 것을 느낀다면 행동을 바꾸어 보세요. 진정한 나를 찾고, 진정한 나로 살기 위한 변화의 흐름에 몸을 맡기도록 이 책이 도와줄 것입니다.

2022년 10월

역자 **이선화**

에노모토 히데타케는 이 책에서 싱크로니티(Synchronicity)를 '그 사람이 나아가야 할 길을 알려주는 표지판'이라고 설명합니다. 2018년 10월, 에노모토 히데타케의 워크숍을 들은 것은 내 인생의 중요한 싱크로니시티였습니다. 그때 저는 무작정 '진짜 하고 싶은 일'을 찾아 안정적인 직장을 떠나 새로운 도전을 시작했던 터였습니다. 히데타케의 워크숍을 통해 저의 도전에 의미와 가치를 부여할 힘을 얻었습니다. 그러나 도전과 함께 실타래에서 실이 풀리듯 그동안 피해왔던 질문들이 풀려나오며 저를 흔들어 놓았습니다. '진정한 나는 누구일까?', '나는 어떤 삶을 살고 싶은가?', '어떻게 사는 게 잘 사는 것일까?'

그러다 2021년 이 책의 내용을 기반으로 한 에노모토 히데타케의 워크숍을 듣게 되는 또 다른 싱크로니시티를 만났습니다. 덕분에 '어떤 일'을 하고 싶은지보다 '어떤 내가 되고 싶은지'를 더 많이 생각하게 되었습니다.《비로소, 진정한 나를 만나다》에서 에노모토 히데타케는 여덟 개의 Key Message를 자신의 사례와 함께 소개합니다. 그 여덟 개의 메시지는 제가 품었던 질문들에 대한 해답을 찾게 해주었을 뿐만 아니라 제 인생을 강의 흐름으로 관조할 수 있는 현명한 시선을 갖게 해주었습니다. 때로는 직선으로 때로는 곡선으로, 어떤 때는 천천히 흐르다 또 어느 순간에는 속도를 내는 것이 자연스러운 인생의 흐름이고, 그 흐름 속에의 경험을 소중한 자원으로 생각하며 계속 배워가는 것이 중요함을 깨닫게 되었습니다. 무엇보다 그 흐름 속에서 나의 '내면의 소리'에 귀 기울이는 게 얼마나 소중한지 알게 되었습니다.

많은 사람이 나를 찾고 싶다고 말합니다. 진정한 나로 살고 싶다고 말합니다. 그러나 자기 내면의 소리 보다는 외부의 소리에 더 귀를 기울입니다. 외부의 소리는 내면의 소리보다 훨씬 더 크고, 명료하고, 매력적으로 느껴지기 때문입니다. 우리의 '내면의 소리'는 우리가 원하는 삶의 방향을 알려주는 '선물'이라고 히데타케는 말합니다. 이를 선물로 받아들이게 되면 인생의 많은 부분이 바뀔 수 있음을 이 책에서 그는 사례를 통해 보여줍니다. 당신이 이 책을 집어 들었다는 건 분명히 이 책의 메시지와 당신 내면의 목소리가 공명하였다는 증거일 것입니다. 그 공명에 호기심을 갖고 이 책을 읽고 나면 삶에서 일어나고 있는 모든 일이 예사롭게 느껴지지 않을 것입니다. 예전에 보지 못했던 선택지와 가능성이 보일 것입니다. 그리고 정신적인 자유로움을 얻을 수 있을 것입니다.

TLP교육디자인 대표, 교육학 박사, 전 숭실대 교수 **김지영**

2022년 현재 우리는 압도하지 않으면 금세 뒤지고 마는 초경쟁 사회에서 승리자가 되기 위해 고군분투해야 하고, 그래서 하루하루 불안한 삶을 이어가며 불투명한 미래를 걱정하고 있습니다. 에노모토 히데타케 선생의 "진정한 나를 살다, 인생의 새로운 가능성을 가진 여덟 개의 키 메시지"는 이처럼 우리 앞에 놓인 삶의 문제들을 깊이 사유할 힘을 주고 있습니다.

히데타케 선생은 시도해보기도 전에 미리 걱정하는 삶에서 벗어나 인생의 진정한 가치를 자기 스스로 의미화하고 스스로 결정하는 행동이야말로 진정한 자기 삶을 사는 것이라고 격려하고 있습니다. 이를 위해 선생은 우리 내면의 소리에 귀 기울이라고 요청합니다.

인생의 목적이란 인생 그 자체가 목적이라는 어느 성현의 말씀처럼 히데타케 선생 역시도 '인생은 답을 찾는 것이 아니고 올바른 물음을 가져야 인생이 풍요로워지며, 행동해야만 비로소 이유를 깨달을 수 있다다'는 메시지를 던집니다. 이것이 바로 각자 인생의 목적을 만들어가는 방법임을 강조합니다.

이런 선생의 메시지는 실패를 두려워하는 사람들에게, 혹은 안정된 삶만을 욕망하는 이들에게 지금까지의 삶에서 다시금 성찰할 수 있는 기회를 주는 것으로 생각합니다. 행동하기 전에 이유부터 찾는 것은 실패를 두려워하는 것이며 이는 우리가 내면의 소리에 귀 기울이지 않고 있다는 습관을 적절하게 지적해주는 것이라고 할 수 있습니다.

특히 히데타케 선생의 인생의 가능성을 일깨워주는 여덟 개의 메시지는 단순히 직업을 얻기 위한 공부를 하는 학생들에게, 미래가 불안하고 불투명한 청년들에게, 자식들에게 안정된 삶을 강요하는 부모들에게, 이처럼 나를 잃어버리고 목적 없이 달려가는 모든 사람에게 커다란 울림을 줄 것이라고 추천하면서 모든 사람이 진정한 자기로 살기를 희망합니다.

숙명여자대학교 기초교양학부 교수 **이화영**

길 위에서 길을 잃었을 때 또는 갈림길에서 어느 길을 선택해야 할 지 모를 때 이정표가 있으면 결정하기 좋습니다. 인생의 새로운 길을 걷게 안내하는 여덟 개의 Key Message. 에노모토 히데타케의 안내에 따라 진정한 나로 살기 바랍니다. 나답게, 나로, 나의 삶을 산다는 것이 말처럼 간단하고 수월했으면 합니다. 때로는 누군가의 경험에서 얻은 지혜가 복잡한 생각을 쉽게 정리해 줄 수 있습니다. 이 책이 그렇습니다. 그래서 반갑고 고맙습니다.

국군의 방송 아나운서 & 프로듀서, 문화예술학 박사 **남복희**

코칭으로 조직의 리더들을 만나면 비전을 가지고 목표를 세워 미션을 수행하며 끊임없이 남다른 성과를 이루어 내는 모습을 보게 됩니다. 조직을 위해서, '이 정도면 되지 않나?'라며 한숨을 돌릴 때, 하나의 질문이 슬그머니 나에게 옵니다. '그러면 나는?' 조직에 최적화된 나를 살면서 정작 '나'를 잊어버리거나 잃어버리는 것은 아닌가? 이 질문에 대해 히데는 '마법의 코칭' 이후 지난 20년 동안 지속적으로 자신의 진정한 삶을 살아냄으로써 답해 오고 있으며, 지금도 그의 답은 진행 중입니다. 그의 여정을 참고하며 '진정한 나를 사는' 당신의 여정이 시작될 것을 믿습니다.

전문 코치, 교육공학 박사 **정혜선**

나와 인생에 대한 본질적인 질문과 대답. 저자는 그 단순하면서도 심오한 과정을 반복하며 맛난 인생을 살아왔습니다. 이 과정의 반복을 통해 진정한 자아(true self)를 찾아온 여정이 고스란히 이 책 안에 담겨 있습니다. 살면 그냥 살아지는 인생이지만 저자는 자신의 이웃들이 '진정한 나'로 살아가는 맛있는 인생을 살도록 자기 생의 여덟 가지 소중한 에피소드에서 뽑은 삶의 원리를 나눕니다. 공시성(共時性, synchronicity), 흐름(flow), 올바른 질문(the right questions), 인생의 목적(life purposes), 즉시 행동함(taking actions) 같은 키워드들은 진정한 나로 사는 삶의 원리를 이해하는 데 도움을 줍니다. 하늘이 부여한 인생의 목적을 소중히 여기고, 그 목적에 관한 질문에 대해 삶으로 답하고 싶은 분들께 이 책을 추천합니다.

UTS(University of Technology Sydney),
한인기독학생회 지도 선교사 **김현지**

2021년 한여름, 히데타케와의 만남은 저의 인생에 있어서 '진정한 나를 살고 있는가'라는 화두를 던지고 많은 생각을 하게 했던 의미 있는 시간이었습니다. 가볍게 '툭' 건네는 듯한 그의 언어는 조용한 강가에서 작은 울림으로 퍼져나가 그 울림이 다시 저에게 고스란히 흡수되는 경험이었습니다. 지금도 그때를 떠올리면 우리에게 던졌던 8가지 Key Message가 하나하나씩 살아납니다. 이 책은, 제가 경험했던 것과 마찬가지로, 삶에 툭 던지는 작은 물음 하나로 마음속 목소리에 귀 기울이게 만드는 삶의 여정의 가이드북이 될 것입니다. 삶의 의미를 찾고자 하는 독자들에게 히데타케의 책이 많은 도움을 줄 것으로 생각되며 이것이 독자들에게 소개될 수 있도록 도와주신 리파인북 출판사 대표님께 감사한 마음을 전합니다.

숙명여자대학교 심리치료대학원 미술치료학과 교수 **박성혜**

'진정한 나(true self)', '나다움'이란 무엇인가? 진정한 나로 산다는 것은 어떤 것인가? 어떻게 하면 진정한 나로 살 수 있는가? 사회적 성공과 물질적 풍요를 향해 달리던 당신이, 길을 잃은 것 같은 막막함으로 멈춰 섰을 때 맞닥뜨리게 되는 질문! '나는 앞으로 어떻게 살고 싶은가?'

히데타케는 여덟 개의 Key Message를 통해 이 질문에 답합니다. 그리고 묻습니다. 진정한 나를 찾기 위한 키 메시지를 내 삶에 적용해본다면 어떤 가능성이 펼쳐지는 지를. 히데타케의 따뜻한 안내가 삶에 미세한 균열을 일으키고 그 작은 틈새로 들려오는 진정한 나의 목소리에 저절로 귀 기울여지는, 진정한 나를 찾는 인생 여정을 시작하고 싶은 분들과 함께 나누고 싶습니다.

고려대학교 교수, CMW한국 인증 리더, KPC/PCC **임영희**

빠르게 변화하는 시대 속에서 밖으로부터 들어오는 수많은 정보에 휩싸여 사는 현대인에게 "당신은 지금 진정한 당신으로 살고 있습니까?"라는 질문을 던지는 책입니다.

히데가 들려주는 8가지 에피소드를 통해 우리는 '자기 자신에게 온전히 집중하며 살아갈 때 진정한 나를 발견할 수 있구나!'라는 것을 깨닫게 됩니다.

제 인생의 멘토인 히데의 책을 읽으며, 아주 어린 시절부터 내 안에서 원했던 그 소리에 귀 기울이게 되었고, '그렇게 살고 싶다.'라는 강한 열정이 올라왔습니다.

불확실한 미래에 두려워하고 있다면 잠시 멈춰 히데의 이야기에 귀 기울여 보세요. 진정한 나로 살기 원한다면…

CMW 한국 인증 리더, 서비스 코치 & 컨설턴트 **조현민**

에노모토 히데타케는 인생에는 계절이 있다고 말합니다. 모든 게 설레는 봄, 뜨거운 열정의 여름, 반성과 성찰의 가을, 그리고 잠시 비움과 충전을 기다리는 겨울… 인생의 목적은 분명했지만 삶의 방향과 가치가 잠시 흔들리며 의문과 불안이 계속되던 겨울과 같았던 어느 날, 히데선생님과의 귀한 만남은 제 삶을 다시 설레게 만들었고 진정한 나로 살 수 있도록 배짱과 용기를 주었습니다. 그리고 제 자신에게 끊임없이 질문하며 깊은 내면이 소리를 듣게 되었습니다. 이제 저는 '나답게 사는 삶의 기쁨과 충만함' 속에 제 인생의 봄을 마주하고 있습니다.

(주)퀀텀러닝코리아 대표 **최문희**

저의 코액티브코칭 첫 과정의 리더로 만난 히데타케와의 인연은 저를 코치의 길로 접어들게 하였습니다. 그의 〈잘 살기 연구소〉 이름처럼 진정으로 중요한 것을 요란하지 않게 담백하게 풀어내는 그의 진정성은 8가지 삶의 에피소드뿐 아니라 이 책 모든 문장에 알알이 담겨있습니다. 이 책은 저자가 빛나기 보다는 독자를 자기 삶의 주인으로 우뚝 서게 만들어 줍니다. 히데타케는 책에서도 코치입니다.

바쁜 삶에 지쳐 "인생 뭐 있어?"로 가고픈 유혹과 그래도 의미 있는 삶을 일구고자 하는 높은 의식 간의 교차를 경험하는 현대사회의 모든 이에게 이 책을 권합니다.

코액티브코칭 한국파트너, 경영자코치, 한스코칭 대표 **한숙기**

1장

이유 없이 마음속에서 울리는
'내면의 소리'는 하늘의 선물

**Inner voice that comes from within you
for no reason is the gift from the Universe**

회사를 관두고 미국으로 떠난 유학

다섯 번 도전하고 다섯 번 실패한 유학 시험

나는 학창 시절부터 줄곧 유학에 대한 꿈이 있었다. 운 좋게도 입사한 회사에 해외 유학제도가 있었다. 나는 입사한 이듬해부터 매년 지원서를 냈다. 지원한 사람은 영어 평가와 소논문 심사를 받고, 여기에 합격하면 임원 면접을 거쳐 최종 합격 통보를 받는다. 이렇게 합격한 한두 명이 회사 지원금을 받고 외국에 있는 대학으로 유학을 갈 수가 있다.

그러나 나는 다섯 번 도전, 다섯 번 실패의 고배를 마셔야만 했다. 이 중 네 번은 최종 임원 면접까지 갔지만, 결과는 불합격이었다. 이유를 묻자 돌아온 답은 '유학을 가고 싶어 하는 마음은 충분히 알겠지만, 왜 가고 싶은지가 명확하지 않다'는 것이었다. 그도 그럴 것이 실은 나 자신조차도 왜 가고 싶은지 몰랐다. 그냥 가고 싶었다. 이유는 명확하지 않았지만, 유학을 가고 싶다는 마음만은 거짓이 아니었다.

물론 적당한 이유를 만드는 것은 불가능하지 않았고, 면접에서도 적당히 둘러댔다. 그러나 베테랑 면접관들이 눈치채지 못할 리가 없다. 설득력이 있었을 리 만무하다. '이런 식으로는 회사가 나를 보내주지 않겠구나' 하는 생각이 세 번째 불합격 통보를 받았을 때부터 서서히 들기 시작했다.

'사람을 위한 조직론'에 마음이 움직이다

그러던 어느 날, 영업 업무를 맡고 있던 나는 업무상 친분이 있는 소프트웨어 회사 대표에게 유학의 꿈이 있다는 말을 했다. 그러자 그 대표는 해외 사업을 하고 있는 한 회사 대표를 소개해 주었고, 그 사람에게 내 생각을 말하니, 그 사람은 다시 유학 관련 일을 하는 사람을 소개해 주었다. 소개받은 사람을 만나러 갔더니 나와 비슷한 연배의 사람이 현재 유학 절차를 밟고 있는데 한번 만나 보겠냐며 또 다른 사람을 소개해 주었다.

나는 마지막에 소개받은 사람을 만나러 갔다. 그 사람은 자신이 미국 샌프란시스코에 있는 California Institute of Integral Studies(CIIS*)라고 하는 생전 처음 듣는 이름의 대학에서 조직개발과 변용학(Organizational Development and Transformation)이라고 하는 이 또한 생전 처음 듣는 학문을 올 가을부터 배우러 갈 계획이라고 말했다. 그게 무슨 학문이냐는 나의 질문에 그는 조직 중심의 조직을 공부하는 것이 아닌

CIIS 1967년에 인도인 철학자 Haridas Chaudhuri 박사에 의해 동양철학과 서양철학을 통합하기 위한 연구소로 설립되었다가 이후 대학교로 전환되었다. 이른바 '뉴에이지계' 대학으로 알려지며, 철학과 심리학 관련 학과를 중심으로 참신한 교육 프로그램을 제공하고 있다.

사람 중심의 조직을 공부하는 것이라고 대답했고, 그 말을 듣는 순간 내 마음이 심하게 요동쳤던 것을 아직도 기억한다. 이후로도 그는 나에게 종종 시간을 내주며 그 대학에서 어떤 공부를 하는지 친절히 설명해주었다. 그리고 나는 이야기를 들으면 들을수록 더욱 심장 박동이 커지는 것을 느꼈다.

상상을 벗어난 수업 풍경

나는 CIIS가 도대체 어떤 곳인지 두 눈으로 직접 확인하고 싶어 견딜 수 없었다. 1993년 겨울, 지금까지 사용하지 않고 쌓아 둔 유급휴가를 내고 미국에 갔다. 학교에는 미리 연락해서 수업하고 있는 모습을 견학하도록 허가를 받았다. 나는 맨 먼저 눈에 들어오는 한 강의실 문을 열고 들어갔다. 너무나도 당황스러웠다. 눈 앞에 펼쳐진 풍경은 내가 상상하고 있던 미국 대학의 수업 풍경이 아니었다.

예전에 미국의 한 유명 대학 MBA 과정 수업을 견학한 적이 있었다. 내가 기억하는 그때의 풍경은 수백 명의 학생을 수용할 수 있는 대형 계단식 강의실에 누가 봐도 대학교수로 보이는 위엄 가득한 남성이 특유의 몸짓 손짓을 하며 강의를 하고 있고, 누가 봐도 학생 느낌이 물씬 나는 젊은이들이 열심히 강의를 듣고 있는 모습이었다.

그러나 CIIS는 달랐다. 초등학교 교실 수준의 작은 강의실에 남녀노소가 원을 만들어 앉아 있고, 모두가 적극적으로 이야기를 나누고 있는 풍경이었고, 나는 끝내 교수가 누구인지 알 수 없었다. 게다가 그들은 조용히 견학만 하고 나가려는 나를 불러 원 대열의 한 자리에 앉혔다. 당시에는 영어 실력이 충분치 않은 상태이기도 하여 어떤 토론을 하고 있는지 이해하지 못했지만, 그 원 속에 앉아 있는 가운데 신기하게도 가까운 미래에 내가 여기에 앉아서 배우고 있는 이미지가 선명하게 떠올랐고, 놀라운 것은 그 이미지가 전혀 어색하지 않게 느껴졌다는 사실이다.

문득 떠오른 엉뚱한 생각

회사가 나를 보내주지 않는다면 회사를 그만두고 자비로 유학을 갈 수밖에 없다고 생각했다. 그러나 실제로 그렇게 마음먹고 나니 미래에 대한 불안감이 엄습해왔다. 이름 있는 대학에서 MBA 학위를 취득하는 것이라면 졸업 후 꿈의 직업인 경영 컨설턴트가 되는 길이 열린다는 기대도 할 수 있겠지만, 아무도 모르는 대학과 학과를 나와 봤자 먹고 살 수 있을 거란 보장도 없는 것이다.

미국에서 돌아오니 곧바로 연말연시 휴가였다. 침대 위에서 과연 유학을 가야 하는지 말아야 하는지 고민에 빠져 있는 어느 날 밤, 문득 '애당초 내가 왜 이렇게까지 유학을 가고 싶어 하는지, 어디서부터 이런 생각이 들었는지'에 대한 의문이 들었다. 초등학생 때 아버지 사업으로 4년 정도 영국에서 살았던 경험, 대학 시절 워킹 홀리데이로 호주에 1년 정도 갔던 경험 등을 떠올리며 그럴듯한 이유를 생각해보았지만, 이런 경험이 있다고 모두 유학을 가고 싶어 하는 것은 분명 아닐 것이다.

그렇다면 왜일까? 그때 문득 엉뚱한 생각이 떠올랐다. 혹시 '이 〈유학 가고 싶다〉는 생각은 하늘이 내려준 선물이 아닐까?' 하는 것이다. 이렇다 할 이유도 없이, 게다가 가게 되면 엄청난 리스크와 문제들이 따라오는데도 불구하고, 그래도 자꾸 가고만 싶은 이 생각은 '나 자신을 초월한 다른 어딘가에서 온 것이 아닐까'라고 생각할 수밖에 없었다.

그리고 이런 생각이 들었다. '혹시 이 〈유학 가고 싶다〉는 생각이 하늘이 내려준 선물이라면 두렵다고 등을 돌리는 것은 하늘에 대한 모독일 수도 있겠다'고. 종교에는 전혀 관심도 없는 내가 왜 이런 생각이 들었는지 지금까지도 알 수가 없지만, 이 생각으로 지금까지의 수수께끼가 단숨에 풀리는 느낌이 들었다. 그리고 날이 밝고 귀국 후 첫 출근을 한 날, 나는 사직서를 제출했다.

이유 없이 울리는 내면의 소리는
하늘이 내려준 선물

Key Message 1 에 대한 해설

이유 없이 울리는 내면의 소리는 하늘이 내려준 선물

이유 없이 마음속에서 울리는 생각이나 느낌을 나는 '내면의 소리'라고 부른다.

여기서 포인트는 '이유 없이'이다. 마음속에서 울리는 생각이나 느낌 중에서도 왜 이런 게 올라오는지 스스로도 알 수 없는 것을 가리킨다.

이런 말을 하면 소위 '직감'과 뭐가 다르냐는 질문이 있을 수 있다. 사실 아무런 맥락도 없이 갑자기 찾아와서 끓어오른다고 하는 의미에서는 내면의 소리도 직감 중 하나라고 할 수 있다. 그러나 굳이 이것을 따로 구분하는 것은 내면의 소리에는 특유의 질감이 있기 때문이다.

이 질감을 한마디로 표현하자면 '무게감'이라고 할 수 있다. 직감에서 오는 뉘앙스는 즉흥적인 생각이나 갑자기 느껴지는 깨달음이지만, 내가 말하는 '내면의 소리'는 마음속에서 이유 없이 울리는 생각이나 느낌 중에서도 특히 자신의 인생을 좌우할 만한 강한 임팩트가 있는 것을 말하며, 만약 그것에 따랐을 때 자신이 지금까지 걸어온 길과는 크게 방향이 틀어질 가능성이 있는 생각이나 느낌을 말한다.

나의 에피소드로 말하면, 먼저 '유학 가고 싶다'고 하는 생각이 여기에 해당한다. 또 소개를 받아 만나러 간 사람이 '사람 중심의 조직론'이라는 말을 했을 때 마음이 요동친 것도 그렇고, CIIS 수업을 견학하러 갔을 때 가까운 미래에 그곳에서 공부하고 있을 자신의 모습이 떠오른 것도 넓은 의미에서의 내면의 소리이다. 또, '유학 가고 싶다고 하는 마음이 하늘에서 내려준 선물은 아닐까' 하는 엉뚱한 생각이 든 것은 내면의 소리 중에서도 으뜸에 해당하며, 결과적으로 이 소리를 따라 회사를 그만두고 자비로 미국 유학을 떠나는 큰 변화가 내 인생에 찾아온 것이다.

내면의 소리는 종종 비상식적이고 비합리적이다

내면의 소리가 가지는 또 하나의 특징은 '의외성'이다. 앞서 말했듯이 내면의 소리는 보통 아무 맥락 없이 갑자기 울리는 것이기 때문에 자신의 마음속에서 나온 것인데도 그 내용에 스스로가 깜짝 놀라는 경우가 대부분이다. 또 이것은 자신에게도 의외일 뿐 아니라 주변 사람들도 그 의외성에 놀라는 경우가 많다. 의외라고 하는 것은 일반적으로 예상할 수 있는 범위를 벗어난 것이므로 이 목소리는 자칫하면 '비상식적'일 수 있다.

내 경우가 그러했다. '회사를 관두고 유학을 간다'는 것은 적어도 당시로서는 드문 일이었으며, 해외 유학제도에 다섯 번이나 떨어진 시점에서는 보통 포기하는 것이 상식적이기 때문이다. 게다가 종교에 대해서 관심도 없던 사람이 '이런 생각은 하늘이 내려준 선물'이라는 생각을 떠올린 것도 스스로에게 의외일 뿐 아니라 이런 발상 자체가 비상식적인 것이라고 할 수 있지 않겠는가?

비상식적이라고 하는 것은 자신에게도 주변 사람들에게도 '말이 안 되는' 경우를 말한다. 그것이 상식의 범위 안에 있다면 주변 사람들도 이해해줄 가능성이 높을 것이며, 스스로도 그렇게 큰 리스크를 안는 것은 아닐 것이다. 그러나 내 경험으로 볼 때 내면의 소리는 종종 비상식적이고, 말이 안 되는 것으로 여기에 따른다고 하는 것은 어떠한 형태로든 꽤 큰 리스크를 안게 되는 경우가 대부분이다. 그게 아니라면 지금 우리 주변에 내면의 소리에 따르며 사는 사람이 많을 것이고, 내가 구태여 이런 책을 쓸 필요도 없을 것이다.

그런 의미에서 내면의 소리는 결단코 마음이 편한 것은 아니다. 오히려 그런 소리가 들려올 때에는 마음의 불편함을 느끼는 경우가 많을 것이다. 이 때문에 마치 들려도 듣지 못한 것처럼 지나치려고 할 가능성이 있다. 그러나 만약 그것이 내면의 소리라면 아마 그렇게 쉽게 사라지지 않을 것이고, 없앨 수도 없다. 어떤 맥락도 아무런 근거도 없으면서 그 소리에는 미묘한 설득력이 있으며, 꽤 강한 임팩트가 마음속에 남을 것이다. 이 '강한 임팩트'와 '지속성'도 내면의 소리의 특징 중 하나이다. 이것은 조금 시간이 지나면 잊혀지는 일회성의 즉흥적인 생각과는 다르다. 아무리 안 들리는 척해도 왠지 계속 생각이 나고, 마음에 걸리는 소리가 있다면 그것은 내면의 소리일 가능성이 높다.

이유 없는 것에 나다움이 있다

여기서 주의해야 할 것이 있다. 가령 내면에서 울리는 생각이나 마음이라도 그 근원이 외부에서 온 것, 다시 말해 자신이 오리지널이 아닌 생각이나 마음인 경우가 있다. 아니, 실제로는 외부에서 온 생각이나 마음이 내면에 차고 넘칠 것이다. 우리는 무의식중에 주변의 기대나 체면 혹은 상식이라고 불리는 것들을 자신의 내면에 집어넣고 마치 그것이 자신의 생각이나 마음이라고 최면을 걸어버린다. 그리고 그런 생각이나 마음에는 대개 '왜 그렇게 생각하는지'에 대한 이유가 반드시 있다.

이유가 있다고 하는 것은 이런 생각이나 마음이 이성으로부터 출발했을 가능성이 높다. 이성이라고 하는 것은 본래부터 그 사람이 갖추고 있는 것이 아니라 성장하면서 부모나 학교 선생님 등 주변의 어른들과 밀접하게 관계를 맺으면서 점차 몸에 배는 것이므로 말하자면 '후천적'인 것이다. 따라서 왜 그렇게 생각하는지에 대해 바로 설명할 수 있는 생각이나 마음은 순수한 의미에서의 그 사람의 오리지널이라고 할 수 없는 것이다.

한편으로 왜 그렇게 생각하는지를 바로 설명할 수 없는, 이른바 '이유가 없는' 생각이나 마음일수록 타인이나 세상의 영향을 받지 않은 그 사람만의 오리지널일 가능성이 높다. 즉, 이유가 없는 것에 나다움이 숨어있다고 해도 과언이 아니다. 나는 이렇게 생각하기에 이르렀다.

내면의 소리에 따르는 것이 진정한 나를 사는 것

이 세상에 태어난 이상 그 누구도 아닌 가장 나다운 나만의 인생을 살고자 하는 것은 누구나가 원하는 바일 것이다. 그리고 만약 이 '그 누구도 아닌 가장 나다운 나만의 인생'을 산다는 것이 바로 '진정한 나'를 산다고 하는 것에 동의한다면 유념해야 할 것이 있다. 다름 아닌 자신의 내면의 소리에 귀를 더 기울이는 것이다.

왜냐하면 외부에서 오는 것이 아닌 자신의 내면에서 이유 없이 울리는 것이야말로 '나다움'이 숨어있다는 증거이며, 거기에 따르는 것이 더욱 나답게 사는 삶으로 연결되기 때문이다. 내가 내면의 소리를 '하늘에서 내려준 선물'이라고 생각하는 이유가 바로 여기에 있다. 물론 그 생각이 처음 떠올랐을 때에는 왜 그런 것인지 나 자신조차도 전혀 알지 못했다. 그러다가 그 후로 이십 년이 넘는 시간 동안 오로지 내면의 소리에 따라 살면서 점차 그 연결 구조를 이해하게 되었다.

영어로 그 사람의 본성이나 본질을 'nature'라고 한다. 이것은 '자연'을 의미하는 단어이기도 하다. 이 말은 그 사람의 '본성=나다움'이 그 사람의 마음속에서 '자연'스럽게 울리는 것이라는 것을 가리킨다. 즉, '내면의 소리'에 따라 사는 것이 그 사람에게 있어서 가장 자연스러운 삶의 방식인 것이다. 당신은 어떻게 생각하는가?

내면의 소리를 듣는 법

이제 당신이 내면의 소리에 따라 사는 것에 가치가 있다는 것을 이해했다면 다음으로 생기는 의문은 '어떻게 그것을 깨닫는가?'일 것이다. 먼저 출발점은 자신 속에 내면의 소리가 있다는 것을 믿고, 그 소리에 귀를 기울이는 것이다. 마음속에 안테나를 세우는 이미지를 떠올려보자. 마음속에는 여러 가지 소리가 넘쳐나는데, 그중에서도 왜 그런 생각이 드는지 명확한 이유가 없는데도 자꾸 신경이 쓰이는 소리에 귀를 기울이는 것이다.

이때 중요한 것은 호기심이다. '어떤 게 내면의 소리이지?'하고 정답을 찾으려고 의식하기 시작하면 초조함이 생기면서 오히려 역효과가 난다. 조금이라도 마음의 추가 흔들리는 감각이 느껴질 때 마치 어린아이가 신기한 물건을 발견했을 때처럼 호기심을 발휘하여 주의를 기울여보자.

또 한 가지, 이것은 반드시 '소리'로 들리는 것이 아니라는 사실이다. 나의 경우는 어떤 생각이나 마음이 단어 혹은 문장으로 머리속에 떠오를 때가 많다. 그러나 사람에 따라서는 어떤 이미지가 떠오르거나 신체 감각으로 느껴지거나 문자 그대로 소리가 들리는 경우도 있을 수 있다. 같은 사람이라도 다른 방식의 '소리'가 들리는 경우도 있을 수 있다. 내가 유학 가기 전에 미국 학교를 방문해서 수업에 참관했을 때 그곳에서 자신이 공부를 하고있는 이미지가 떠올랐던 경우에는 어떤 단어나 문장이 아니라 내가 그 교실에 앉아 수업을 받고있는 이미지가 선명하게 떠오르는 것과 동시에 내 몸속의 세포가 '예스!'라고 외치고 있는 느낌이었다.

그렇다면 어떤 때에 내면의 소리를 듣기 쉬울까? 나는 자연 속에 있을 때가 도시의 인공적인 환경 속에 있을 때보다 더 잘 들렸다. 앞서 말한 것처럼 영어의 'nature'라고 하는 단어가 '자연'이라는 의미와 '본성'이라는 의미를 모두 가지고 있듯이 자연 속에 있을 때 자신의 본성과 더 연결되기 쉬운 상태가 되는지도 모르겠다. 그래서 나는 가급적 일상생활에서도 자연과 접할 기회를 갖도록 노력한다.

내면의 소리인지 아닌지는 그 소리에 반응을 해야만 알 수 있다

앞에서 말한 방법으로 마음속에서 이유 없이 울리는 소리에 귀를 기울이는 가운데 당신의 귀에 내면의 소리로 여겨지는 것이 들렸다고 치자. 자, 이제 당신은 어떻게 할 것인가? 그것이 진정한 내면의 소리인지 아닌지 확신을 갖지 못한 채 주저하고 있지는 않은가?

나 또한 처음부터 내면의 소리에 확신을 가졌던 것은 아니다. '유학 가고 싶다'는 내면의 소리가 처음 들렸을 때에는 스스로도 이게 어느 정도 진심인지 전혀 알지 못했다. 그러던 와중에 다니고 있던 회사에 해외 유학제도가 생겼다는 말에 듣던 중 반가운 소리라며 지원한 것이 첫 액션이었다. 밑져야 본전이라는 생각으로 가볍게 지원했다가 불합격 통보를 받았을 때 생각보다 크게 낙담하며 마음고생을 하고 나서야 내가 생각했던 것 이상으로 진심이었구나 하는 것을 깨달았다.

그 이후 일 년에 한 번 시행되는 그 해외 유학시험에 매년 도전하면서 유학과 관련된 잡지와 책을 섭렵하고, 출장으로 미국에 가면 이 제도로 이미 유학을 와 있는 입사 동기를 찾아가 이야기를 듣는 등 내가 할 수 있는 일은 다 했다. 또 기회가 있을 때마다 '유학 가고 싶다'는 생각을 주변 사람들에게 알리고 다녔다. 이런 행동을 반복하다 보니 점차 어디서 어떤 공부를 할 것인가를 포함해서 구체적인 유학 계획이 서게 된 것이다.

중요한 것은 내면의 소리로 여겨지는 것이 들렸을 때에는 그대로 방치하지 말고 아주 사소한 것이라도 상관없으니 그 소리가 암시하는 방향을 향해 무리하지 않는 범위 내에서 어떤 액션을 취해보는 것이다. 그렇게 함으로써 그 마음이 더 강해진다면 이것은 내면의 소리일 가능성이 높다. 즉, 내면의 소리인지 아닌지는 액션을 취해 보아야만 알 수 있다는 것을 명심하라.

내면의 소리에 따를 것인지 결정하는 것은 나 자신

사실 내면의 소리에 반드시 따라야 한다고 하는 법칙이 있는 것도 아니고, 따르지 않는다고 해서 인생이 꼬이는 것도 아니다. 이 세상에 내면의 소리를 의식하지 않아도, 소리에 따르지 않아도 충분히 만족할 만한 삶을 사는 사람들은 얼마든지 많다.

그렇다면 나는 왜 이토록 내면의 소리에 집착할까? 앞서 말했듯이 나는 다른 누구의 것도 아닌 내 인생을 더욱 나답게 살기 위해서는 내 마음속에서 이유 없이 자연스럽게 울리는 것을 소중히 키워 나가야 한다고 생각했기 때문이다. 바꿔 말하면 나는 대체 누구이며, 무엇을 위해 이 세상에 이렇게 태어났는지를 알려고 하는 마음이 늘 내 마음 깊은 곳에 자리 잡고 있었기 때문이다.

이런 삶의 방식은 결코 쉽지 않다. 언제 어떤 내면의 소리가 들릴지도 모르고, 자칫하면 인생에 큰 변화가 생기는 것이어서 내면의 소리를 충실히 따라가고자 노력할수록 안정과는 전혀 무관한 인생이 되기 십상이다. 그러나 관점을 바꾸면 변화무쌍하면서 활기 넘치는 인생이 될 수도 있다는 것을 의미한다.

여기서 중요한 것은 내면의 소리에 따르건 따르지 않건 간에 결정하는 것은 자기 자신이어야 한다는 것이다. 내면의 소리는 '명령'이 아니라 어디까지나 '선물'이기 때문에 소리가 들렸다고 해서 반드시 따라야 하는 것은 아니다. 무조건 따른다는 것은 스스로 인생을 결정하는 것이 아니라 마치 점괘에 의지하는 것과 마찬가지로 내면의 소리에 의지하게 되어버린다. 누구의 어떤 소리에 따르건 최종 결정을 내리는 것은 바로 자기 자신이어야 한다는 사실을 반드시 잊지 말자.

인생은 보장할 수 없기 때문에 더욱 재미있다

설령 마음속에서 울리는 생각이나 마음이 내면의 소리라는 확신을 가지게 되어도 막상 따르려고 하면 다리가 얼어붙는 느낌을 받을 때가 있을 것이다. 특히 이로 인해 인생에 아주 큰 변화가 일어나는 경우는 더욱 그렇다. '내면의 소리를 따라봤자 잘 된다는 보장은 없어'라고 하는 이성의 속삭임이 들릴지도 모른다. 그렇다. 이성이 말한대로 아무런 보장은 없다. 그러나 보장이 없는 것은 내면의 소리에 따른 경우뿐만 아니라 이성과 상식에 착실하게 따른 경우도 마찬가지가 아닌가? 지금 시대에 '인생, 이렇게 살면 된다'고 하는 보장은 그 어디에도 없다. 어떻게 살아도 리스크는 따른다.

리스크가 있다고 하는 것은 어떤 결과가 나올지 미리 알 수가 없다는 것을 뜻한다. 나도 마찬가지였다. 회사를 그만두고 유학을 간들 '유학만 가면 앞으로 인생이 이렇게 펼쳐질 것이다'고 하는 미래가 보이는 것은 아니었다. 그러나 생각해보자. 미래가 훤히 보인다면 오히려 시시하지 않을까? 결말을 알고 읽는 추리소설이 재미있을 리가 만무하다. 결과를 알고 재방송으로 축구를 보면서 열광적인 응원이 안 나오는 이유와 같은 것이다.

미래를 생각하면 여기저기서 불안감이 엄습해 와 확실한 보장을 바라게 되는 심리는 누구나 마찬가지이겠지만, 만일 확실한 보장이 있다면 그 인생은 과연 즐거울까? 진정으로 행복한 인생일까? 그리고 같은 리스크라면 내면의 소리에 따라 나다운 인생을 사는 편이 훨씬 낫다고 나는 생각한다. 이 책을 읽고 있는 당신은 어떠한가?

내면의 소리에 따라 살기 위해서는 각오가 필요하다

미래가 보이지 않고 잘 된다는 보장이 없는 것 외에도 많은 사람들이 내면의 소리에 따르는 것에 주저하는 또 하나의 큰 이유가 있다. 바로 주변 사람들, 특히 자신에게 소중한 사람들의 시선을 의식하기 때문일 것이다. 앞에서도 내면의 소리는 종종 자신뿐만 아니라 주변 사람들의 시선에도 비상식적이고 엉뚱한 것으로 보이는 경우가 대부분이라고 말한 것처럼 내면의 소리에 따르는 것이 주변 사람들과 마찰이나 충돌을 발생시킬 가능성도 다분히 있다.

내 경우도 그러했다. 회사를 그만두고 유학을 떠난다고 했을 때 실제로 주변의 많은 사람들이 반대했다. 특히 아버지의 반대가 심했다. 무모한 선택이라고 꾸짖음을 당했다. 아버지를 비롯해서 반대했던 사람들은 물론 나를 걱정하는 마음에서였겠지만, 이미 내 내면의 소리는 억누를 수 없을 정도로 강해진 상태였기 때문에 감사하게 생각은 했지만, 그렇다고 해서 결심을 바꿀 만한 정도는 아니었다. 결국 유학을 간 것을 계기로 그 이후로도 나다운 삶을 살아가는 모습을 보시고 아버지는 더 이상 내 삶에 대해 어떠한 간섭도 하지 않게 되었다.

이렇듯 그 당시에는 주변 사람은 물론이고 자신조차 왜 그런 행동을 하는지 모를 수 있다. 그러나 당신을 사랑하는 사람일수록 당신이 행복하게 사는 것을 바라기 때문에 당신이 가장 당신다운 모습으로 사는 모습을 보게 된다면 결국은 마음을 놓을 것이다. 그렇게 되기까지 시간이 걸릴지도 모른다. 내 경우도 아버지가 진정한 의미에서 내 선택을 인정해 주기까지는 5년이 넘는 시간이 걸렸다. 당시에는 반대도 하고, 의문을 던지기도 했던 사람들이 나중에서야 '그때 왜 그런 결단을 내렸는지 이제야 알겠다'고 말하는 경우가 많다.

물론 당신이 내린 결단으로 영향을 받게 되는 사람들에게는 최선을 다해 당신의 생각을 전달하는 성의는 필요하다. 그러나 내면의 소리는 원래부터가 '이유가 없는 것'이 특징이므로 모든 사람을 납득시키는 것은 애당초 불가능하다고 생각하는 편이 나을 것이다. 그 결과 주변 사람들과 관계가 틀어질 수도 있지만, 그것까지도 감수할 '각오'가 되었는지 스스로에게 물어보길 바란다. 서운하게 들릴지 모르겠지만, 그 정도의 각오 없이는 '진정한 나'를 사는 것은 힘들지 않겠는가?

자, 지금 당신에게 내면의 소리가 들리는가? 그리고 진정한 나를 살기 위하여 그 소리에 따르고 그 결과를 받아들일 각오는 되어 있는가?

Q1. 나의 내면에서 울리는 소리에 집중해보고, 생각지 못한 뜻밖의 내면의 울림이 느껴진다면 이를 메모해보세요.

**Q2. 내가 바로 따라할 수 있는 내면의 소리가 있다면, 그 소리를 따라가보
세요. 그리고 그 이후의 변화와 느낌을 적어보세요.**

2장

싱크로니시티는
그 사람이 나아가야 할 길을
알려주는 이정표

Synchronicity is a signpost
that shows which way
you need to go

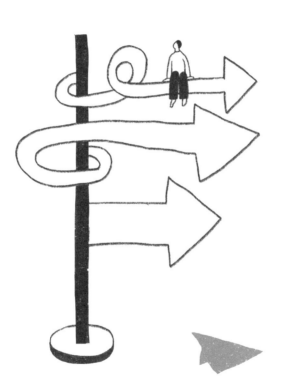

인생을 바꾼 코칭과의 만남

고민 끝에 다다른 테마는 '천직창조'

유학길에 오른 후 CIIS에서 전공한 조직 개발과 변용학은 간단하게 말하면 '조직 안에서 일하는 사람들이 어떻게 하면 활기차게 일할 것인가?'를 다루는 학문이다. 그러나 한 학기, 두 학기 공부할수록 나의 관심은 조직보다는 사람으로 초점이 옮겨갔다. 그 계기는 2학기에 타 학부 과목으로 들은 'Live your values, and still pay the bills(나답게 살고, 나답게 생계를 꾸리자)'라고 하는 취지의 조금 특별한 수업이었다. 지금까지 받은 어떤 수업보다도 가슴이 뛰는 내용이었으며, 문제는 스스로도 당혹스러울 정도로 이 수업을 들은 후부터 조직론 수업에 관한 관심이 거의 사라졌다는 사실이다.

잘 다니던 회사를 관두기까지 하면서 감행한 유학에서 선택한 학문이었는데 이렇게도 빨리 관심이 식어버릴 줄이야 누가 알았겠는가? 이렇게 새로운 분야에 관심의 싹을 틔우기 시작할 즈음에 마침 교내에 '인디펜던트 스터디'라고 하는 제도가 있다는 사실을 알게 되었다. 연구하고 싶은 테마를 직접 정할 수 있고, 지도교수와 교재 선택권도 주어지며, 무엇보다도 스스로 수업을 디자인할 수 있어서 지금의 나 같은 상황의 학생에게는 더할 나위 없는 제도였다. 덕분에 나는 이 특별한 수업을 담당하는 교수에게 끈질기게 요청한 끝에 그다음 학기부터 개별 지도를 받게 되었다.

이때부터 나는 일본으로 돌아가면 자신의 일에 대해 고민하고 있는 사람들을 서포트하는 일을 해야겠다는 생각을 강하게 품게 되었다. 때마침 일본은 거품경제의 붕괴로 일본기업의 오랜 관행이었던 종신고용제가 무너지면서 자신의 커리어는 회사가 보장해주는 것이 아닌 스스로가 개척해야 한다는 분위기가 조성되기 시작할 때였고, 많은 사람들이 이런 급격한 변화에 갈팡질팡하고 있었다. 여기에서 내가 맡을 역할이 있지 않을까 하는 생각이 들었다. 나는 인디펜던트 스터디를 활용해서 '어떻게 하면 사람들이 활기차게 일을 할 수 있을까?'를 테마로 나만의 연구를 진행해보기로 했다. 그리고 이 프로세스를 통해 발견한 사실들을 '천직창조'라는 이름을 만들고, 이것을 하나의 콘셉트로 정리해서 이것을 기초로 한 프로그램을 개발하기로 했다.

세 명에게 추천받은 코칭

프로그램을 개발하면서 나는 왠지 모를 부족함을 느꼈다. 그도 그럴 것이 아무리 훌륭한 프로그램을 만들어서 워크숍을 진행했다고 하더라도 여기에 참가한 사람들이 그 이후에 실제로 활기차게 일을 할 수 있게 되기까지의 프로세스를 지속적으로

서포트해주는 시스템이 없다면 단순히 '재미있는 일회성 워크숍'에 지나지 않을 것이기 때문이다. 나는 지속적인 서포트를 하기 위한 효과적인 방법은 없을까를 고민하면서 기회가 있을 때마다 여러 사람들과 의견을 나누었다. 그런데 신기하게도 각각 다른 기회에 세 사람으로부터 공통적으로 코칭 공부를 해보지 않겠냐는 제안을 받았다.

많은 사람들의 반응이 다르지 않을 것이다. 나 역시도 처음 '코칭'이라는 말을 들었을 때 머릿속에 가장 먼저 떠오른 것은 스포츠 코치였다. 딱히 와 닿지 않는 단어를 세 번쯤 반복해서 듣게 되자 이 싱크로니시티(의미가 있는 우연의 일치)를 무시할 수가 없었다. 결국 1995년, 나는 세 명의 지인이 공통적으로 거론했던 The Coaches Training Institute(CTI*)라고 하는 회사가 제공하는 프로그램 중 코액티브 코칭(Co-Active Coaching)* 기초 코스를 수강하게 되었다. 나는 탄성을 지를

CTI 1992년에 헨리와 카렌 킴시 하우스 부부, 故 로라 휘트워스에 의해 설립된 코치 교육 연구소. 체험형 훈련법으로 정평이 나 있으며, 현재 일본을 포함하여 세계 20여 개 나라에서 코칭 프로그램 및 리더십 프로그램이 진행되고 있다.

코액티브 코칭 Co-Active Coaching CTI가 제공하는 코칭 체계의 총칭. '코액티브(Co-active)'란 '협동적'이라고 하는 의미로, 코칭을 하는 쪽과 받는 쪽이 대등한 입장에서 서로가 가지고 있는 능력을 발휘하면서 바람직한 변화를 함께 창출하는 개념 및 관여 방식을 제안한다.

뻔했다. 이것이야말로 내가 찾던 것이었다. 기초 코스가 끝나자 곧바로 응용 코스까지 수강했다.

두 가지 과감한 행동

CTI 응용 코스는 당시 풀필먼트(fulfillment), 밸런스(balance), 프로세스(process)라고 하는 세 가지 코스로 구성되어 있었다. 이 과정을 모두 거치고 나면 6개월간의 자격증 코스가 기다리고 있었다. 나는 기초 코스를 수강하는 시점부터 모든 코스를 끝까지 완수하겠다는 일념이었지만, 가난한 유학생이었기에 응용 코스를 간신히 밟고 나자 자격증 코스까지 수강할 돈이 없었다. 그렇다고 포기할 수는 없었다. 나는 두 가지의 과감한 행동에 나섰다. 하나는 CTI에 편지를 써서 장학금을 요청하는 것이었고, 또 하나는 이전에 근무하였던 회사에서 영업업무로 알게 된 소프트웨어 회사 사장님께 돈을 빌려 달라고 부탁하는 것이었다.

그러나 한 달이 넘도록 양쪽 모두 답이 없었다. 무리한 부탁을 해서 기분만 상하게 한 것 같아 절반은 포기하는 심정으로 이미 신청을 했던 응용 코스 중 하나인 밸런스 코스에 참가했다.

믿기 어려운 싱크로니시티

당시 CTI는 창업한 지 얼마 되지 않은 때로 세 창업자가 모든 코스에서 수업을 직접 맡고 있었다. 코스가 끝나자 그들이 나를 불렀다. 떨리는 마음으로 빈 강의실에 들어서자 "우리는 당신의 장학금 요청 건에 대해 고민을 많이 했다. 지금까지 이런 전례가 없었지만 당신의 열정을 높이 사서 반액 장학금을 주기로 결정했다"는 답을 들려주었다. 뛸 듯이 기뻤다. 그러나 반액만으로는 자격증 코스를 신청할 수가 없다. 기쁜 마음과 동시에 나머지 절반을 어디서 구해야 할지 막막했다.

나머지 절반에 대한 고민을 하면서 집으로 돌아오자 전화벨이 울리는 소리가 들렸다. 황급히 전화를 받았다. 수화기 너머 들리는 목소리는 다름 아닌 대출을 부탁했던 거래처 사장님이었다. "부탁한 돈을 어떻게 마련할지 고민하는 데 시간이 걸렸다. 이제 방법을 찾았으니 은행 계좌번호를 알려 달라"고 했다.

용기 내어 부탁한 양쪽으로부터 같은 날 동시에 긍정적인 답변이 돌아오다니! 이런 믿을 수 없는 싱크로니시티에 나는 '자격증 코스에 도전할 수 있게 되었다'는 기쁨과 동시에 '이것은 틀림없이 코칭을 배우라고 하는 하늘의 뜻'이라는 운명적인 직감이 들었다.

세 명의 지인으로부터 같은 코칭 코스를 추천받은 일, 그리고 장학금 사건. 이 싱크로니시티는 마치 '이것이 네가 나아갈 길이다'라고 지시를 해주는 이정표처럼 내게 다가왔다. 이날의 흥분과 설렘, 떨림은 아직까지도 기억한다.

싱크로니시티는
그 사람이 나아가야 할 길을 알려주는 이정표

Key Message 2 에 대한 해설

싱크로니시티란 무엇인가?

'싱크로니시티(synchronicity)'란, 20세기 중반 심리학자 칼 융이 거의 같은 시기에 떨어진 장소에서 동일한 현상이 일어나는 것을 설명하기 위해서 사용한 표현으로 '공시성(共時性)'으로 번역된다. 지금은 원래의 의미에서 조금 확대되어 '의미가 있는 우연의 일치'를 가리키며, 줄여서 '싱크로'라고 부르기도 한다.

후자의 정의에서 중요한 부분은 '의미가 있는'이다. 누구에게 의미가 있는 것인지 묻는다면 바로 우연의 일치를 알아차린 본인이라고 말할 수 있다. 즉, 그 우연에서 의미를 발견할지 말지는 그 사람이 하기 나름이며, 결과적으로 그 사람이 '이건 싱크로야'라고 생각한다면 그것은 싱크로가 되는 것이다.

이번 에피소드에서 소개한 바와 같이 나는 미국 유학 중에 '천직창조'라는 콘셉트를 기반으로 워크숍을 개발하고, 거기에 참여하는 사람들이 실제로 활기차게 일을 할 수 있기까지의 프로세스를 서포트하기 위한 효과적인 방법을 찾고 있던 중 각기 다른 타이밍에 세 사람에게서 코칭 수업을 제안받았다. 이를 '단순한 우연의 일치'로 치부하고 그냥 넘겼을 수도 있다. 사실 처음에는 '코칭'이라는 단어를 들었을 때에는 스포츠 코치를 떠올리며 내가 하고 싶은 것은 그게 아니라고 생각하고 진지하게 받아들이지 않았다. 게다가 나에게 코치란 학창 시절 운동 동아리에서 만난 잔소리 심한 지도자라는 그다지 좋지 않은 이미지였다. 이 때문에 두 번째 지인에게 같은 말을 들었을 때만 하더라도 나의 행동의 변화는 딱히 없었다. 그러다 세 번째 지인이 그 이야기를 꺼냈을 때는 드디어 '이건 어떤 의미가 있는 것은 아닐까?'라는 생각이 들었고, 결국은 코칭 코스를 신청하게 된 것이다.

요컨대 세 명의 다른 사람이 다른 타이밍에 코칭 수업을 추천했다고 하는 '우연의 일치'에 내가 뭔가 '의미가 있다'고 느낀 시점에, 이것은 비로소 싱크로가 된 것이다.

싱크로와 하늘로부터의 피드백

내가 싱크로를 처음으로 느낀 것은 세 사람으로부터 코칭 공부를 추천받았을 때였던 것으로 기억한다. 이전까지는 그런 현상이 있다고 하는 것을 책에서 읽은 적은 있지만 그다지 마음에 두지는 않았다. 그러나 한번 느낀 이후로는 또 다른 싱크로를 경험할 때마다 그것이 암시하는 방향으로 의식적으로 한발

씩 내딛는 습관이 생겼다. 처음에는 반신반의하는 마음도 있었지만, 이런 경험이 되풀이될수록 싱크로들이 나에게 중요한 만남의 기회와 전환기를 맞게 해준다는 것을 깨달았다. 그리고 이것이 '내가 나아가야 할 길을 알려주는 이정표'라고 하는 확신이 점점 강하게 들었다.

또 싱크로는 '이정표'임과 동시에 '피드백'이다. 만약 내가 어떤 행동을 했을 때 어떤 싱크로가 일어난다면 그것은 하늘이 '그래, 그 방향이 맞아'라고 말해주는 것이라고 나는 받아들인다. 위 에피소드에서 소개한 코칭 자격증 코스 비용을 구하는 과정에서 일어난 싱크로가 바로 그 전형적인 예라고 할 수 있다.

CTI에 장학금을 요청했을 때와 거래처 사장님에게 대출을 부탁했을 때 나는 솔직히 말해 '밑져야 본전'이라는 심정이었다. 그리고 만일 거절당한다면 자격증 코스는 포기하려고 마음먹고 있었다. 그랬던 것이 양쪽에서 모두 승낙을 해주었고, 그것도 같은 날 답변을 받은 것이다. 이런 믿을 수 없는 싱크로가 일어났을 때 나는 '하늘의 뜻'이라고 생각하지 않을 수가 없었다. 하늘이 나에게 '이 길로 가라'고 알려주는 것이라고 느껴졌다.

사실 이 일에는 후일담이 있다. 자격증 코스를 신청하려면 비용 지불 외에도 한 가지 조건이 더 있었다. 그것은 '코스가 시작되기 전까지 유료 클라이언트를 5명 이상 확보'하는 것이다. 나에게는 가혹한 조건이 아닐 수 없었다. 아직 자격증을 따기도

전인 데다가 영어가 모국어가 아닌 나에게 돈까지 지불하면서 코칭을 받으려고 하는 사람이 도대체 어디에 있겠는가? 실제로 나는 코스가 시작되기 일주일 전까지 겨우 한 명의 클라이언트만 구한 상태였다.

그 와중에 이미 신청했던 응용 코스의 마지막 코스에 참가하게 되었고, 이때 나는 또 한 번의 과감한 행동을 시도했다. 같은 수업 참가자들 앞에서 나의 상황을 털어놓으며 주변에 코칭을 받을 사람을 소개해 줄 것을 공개적으로 부탁했다. 그러나 아무도 반응해주지 않았다. 역시 무리라고 생각했다. 그러나 다음날 아침, 수업을 함께 듣던 여성으로부터 전화가 왔다. 수화기를 들자 대뜸 '축하해! 너, 자격증 코스 수강할 수 있게 되었어'라는 것이 아닌가? 순간 정신이 멍해져서 수화기만 들고 있다가 이야기를 찬찬히 들어보니 그녀는 내 사정을 듣고 여기저기 수소문 해서 하룻밤 새에 남은 네 명의 클라이언트를 찾아준 것이었다. 이것을 우연의 일치라고 할 수는 없으므로 엄밀히 말해서는 싱크로가 아닐 수도 있지만, 나에게는 이 역시 '이 길로 가라'고 하는 하늘로부터의 피드백이 아닐 수 없었다.

이미 일어나고 있는 싱크로를 알아차리기

이제 싱크로가 어떤 것인지는 알았을 것이다. 그렇다면 다음으로 '어떻게 하면 내 인생에도 싱크로가 일어날 것인가?'라는 의문이 들 것이다. 당연한 의문이다. 다만, 이것을 생각하기 이전에 어떻게 하면 이미 일어나고 있는 싱크로를 알아차릴 것인가를 생각해볼 필요가 있다. 왜냐하면 싱크로는 우리가 생각하는 것 이상으로 자주 일어나기 때문이다. 이미 일어나고 있는 싱크로를 못 느끼면서 앞으로의 싱크로를 바라는 것은 의미가 없다.

그렇다면 어떻게 하면 이미 일어나고 있는 싱크로를 알아차릴 것인가? 그러기 위해서는 먼저 싱크로라고 하는 현상이 존재한다는 것, 그리고 여기에는 의미가 있다는 것을 받아들일 필요가 있다. 애당초 싱크로라고 하는 현상이 있다는 사실을 모르거나, 알고 있으면서도 그 의미를 진지하게 받아들이지 않는다면 설령 싱크로가 일어나더라도 그 사람의 눈에는 들어오지 않을 것이다.

처음부터 '싱크로는 없다'고 생각하는 사람들의 대부분은 오히려 싱크로를 지나치게 진지하게 생각하는 경향이 있다. 물론 내가 이번 에피소드에서 소개한 것과 같은 알아차리기 쉬운 '우연의 일치'도 있지만, 앞서 소개한 같은 수업을 듣는 여성이 두 팔 걸어 클라이언트를 찾아준 사례는 싱크로의 정의에는 해당하지 않을 수 있다. 그러나 나에게 있어 이 일은 싱크로와 진배없이 마치 하늘로부터 받은 피드백과 같은 것이다. 즉, 이 일에 의미를 느낀 것이다. 이렇듯 '의미가 있는 우연의 일치'까지는 아니더라도 '의미가 있는 우연'이라고 하는 것은 분명히 자주 일어난다. 일단은 이것을 알아차리는 것부터 시작하자.

'어쩌다' 민감해지기

여기서 잠깐 생각해보자. 우연이라고 하는 것이 과연 있을까? 사실 우연은 대단한 것이 아니다. '일상에서 일어나는 일 중 자신의 의도와는 다른 것' 정도로 정의하면 어떨까? 우연을 이렇게 정의한다면 우연이 얼마나 자주 일어나는 일인지 짐작이 갈 것이다. 내가 의도하지 않은 일은 하루에도 몇 번이고 일어날 수 있다.

자신이 의도하지 않은 일이 일어났을 때 거기에는 '의외성'이 있다. 특히 '헉, 정말?', '설마', '그럴 리가' 등과 같은 반응이 나도 모르게 나온다면 그것이 설령 그림으로 그린 듯한 싱크로가 아니더라도 넓은 의미에서의 싱크로로 볼 수 있다. 예를 들어 잠깐 어떤 사람을 생각하고 있을 때 '어쩌다' 그 사람에게서 전화가 걸려 오는 일도 싱크로라고 할 수 있다. 따라서 싱크로를 알아차리기 위한 하나의 방법은 이러한 '어쩌다'에 민감해지기이다.

실제로 내 인생도 '어쩌다'의 연속이었다. 이번 에피소드만 보더라도 조직론에서 마음이 멀어지고 있을 때 다른 학부 과목의 특이한 수업을 '어쩌다' 수강하게 되고, 새롭게 싹튼 관심 분야를 어떻게 확장 시킬 것인가를 고민하고 있을 때 '어쩌다' 인디펜던트 스터디라는 제도가 있다는 것을 알게 되었다. 또 워크숍에 참여해준 사람들을 서포트하기 위한 효과적인 방법을 강구하던 중에 '어쩌다' 세 명의 지인이 각기 다른 자리에서 코칭학습을 추천하는 등 그야말로 '어쩌다'로 점철된 일들이다.

나쁜 싱크로는 없다

이 글만 읽으면 내가 단순히 운이 좋았던 것으로 보일지도 모른다. 그러나 이런 '어쩌다' 사건들도 그대로 방치하면 자신이 나아가야 할 길은 보이지 않는다. 이들 사건들이 싱크로, 즉 '의미가 있는 우연'이 되기 위해서는 우연한 타이밍에 자신에게 일어난 일 속에서 의미를 찾아낼 필요가 있다. 즉, 싱크로란 '내게도 일어났으면 좋겠다'며 단순히 바라기만 하는 수동적인 현상이 아니라 그 일을 알아채고 의미를 부여하는 능동적인 현상인 것이다.

이 '의미 부여'는 이후 제4장에서도 설명하겠지만, 여기서는 싱크로의 의미 부여에서 빠지기 쉬운 오류에 대해 잠시 짚고 넘어가겠다. 첫째는 '내 주변에서는 싱크로라고 여겨질 만한 현상들이 왜 안 일어나지?'라고 느껴질 때 그것을 '혹시 내가 잘못된 길을 가고 있는 것은 아닐까?'라고 해석하는 일이다. 반대로 말하면, 싱크로가 별로 일어나지 않는다고 해서 잘못된 길을 걷고 있다는 뜻이 아니라는 것이다. 만약 그런 해석으로 고민 중이라면 오히려 싱크로를 의식하지 않는 편이 좋을 수도 있다.

또 한 가지는 싱크로 중에서는 '나쁜 싱크로'도 있지 않을까라는 의문을 품는 일이다. 싱크로는 어떻게 해석을 하느냐의 문제이지 싱크로 자체에는 '좋은 싱크로'도 '나쁜 싱크로'도 없다. 가령 그것이 어떤 싱크로이든 그 싱크로를 자신이 앞으로 나아갈 길을 가리키는 이정표라고 느끼면 되는 것이다. 기본적으로 나쁜 싱크로란 존재하지 않는다.

예를 들면 이런 경우를 생각해보자. 자신이 별로 좋아하지 않는 사람이 있다고 했을 때 평소에는 거의 만날 일도 없는데 어느 날 다른 장소에서 두 번이나 맞닥뜨렸다고 하자. 이때 당신이라면 이 싱크로를 어떻게 해석하겠는가? '참 재수 없는 날이군. 오늘은 밖에 돌아다니지 말고 집에만 있으라는 뜻인가?' 라는 해석도 가능할 것이고, '불편한 사람이기는 하지만, 이 사람과 뭔가 이야기를 해보라는 뜻일까?'라고 해석할 수도 있을 것이다. 나라면 이런 경우에는 후자를 선택할 것이다. 그러나 어떠한 해석을 하건 간에 싱크로 자체에 좋고 나쁨이 있는 것이 아니라 스스로 어떻게 해석할 것인가에 따라 나아가는 방향이 달라진다는 뜻이다.

하늘이 싱크로를 통해서 우리에게 나아갈 길을 알려준다고 하더라도 하나부터 열까지 어떻게 하면 좋을지를 친절하게 가르쳐주는 것은 아니다. 오히려 그것은 '질문' 혹은 '반문'과도 같은 형식으로 다가온다. 그것을 어떻게 해석하고, 실제로 어떤 길로 나아갈지는 스스로가 결정하도록 여지를 남긴다. 그렇지 않다면 이미 정해진 레이스 위를 걷기만 하면 되는 인생과 무엇이 다르겠는가? 그리고 그것이 과연 재미있을까?

싱크로는 다른 형태로 몇 번이고 찾아온다

싱크로를 알아차리는 일에 대해 자주 듣는 질문으로 '만약 놓쳤을 때는 어떻게 하는가?'이다. 앞서 설명했듯이 싱크로는 우리가 생각하는 이상으로 자주 일어난다. 따라서 한 번 싱크로를 놓쳤다고 해서 더 이상 기회가 없는 것이 아니다. 더구나 싱크로가 하늘이 우리에게 알려주는 이정표라고 한다면 한 번 놓쳤다고 해서 그것으로 끝일 리가 없다. 하늘이 우리에게 그렇게까지 인색하겠는가?

오히려 중요한 싱크로일수록 마치 회전 초밥과도 같이 한 번 놓쳐도 몇 번이고 다시 돌아올 것이다. 내가 처음에 "코칭 수업한 번 들어보는 것은 어때?"라는 제안에 꿈쩍도 안 하고, 두 번째 사람의 말에도 동요하지 않다가 세 번째 같은 제안을 들었을 때 그제서야 깨달은 일이 좋은 예이다. 두 번째 사람이 말했을 때 '뭐지?'라고 생각했다가 세 번째 사람이 말했을 때 그제서야 확신이 들면서 '이건 무조건 해야 돼'라는 생각이 든 것처럼 말이다.

물론 한번에 놓치지 않고 잡는 것만큼 좋은 것은 없다. 싱크로에는 타이밍이라는 것도 있어서 너무 많이 놓치다 보면 마치회전 초밥처럼 신선도가 떨어지는 일이 있을 수 있다. 어쩌면 그만큼 여러 번 놓쳤다는 것은 싱크로를 알아차리지 못했다기보다는 알아차렸으나 그 길로 나아가는 것이 두려워서 억지로 눈을 감고 있었던 것인지도 모른다.

만일 정말로 놓쳤다면, 혹시 '재료'가 바뀐 것을 알아차리지 못한 것은 아닐까 생각해보라. 몇 번이고 다시 돌아온다고는 했지만, 항상 같은 재료가 돌아오는 것은 아니라는 점이 싱크로의 재미있는 부분이다. 하늘은 '수단을 바꾸어라, 재료를 바꾸어라'고 말하며 우리에게 길을 알려주고 있는데도 안타깝게도 우리가 그 '변화구'를 못 받아치고 놓치고 마는 일도 있다. 이런 아쉬운 일이 발생하지 않도록 재료가 바뀌는 일도 있다는 것을 미리 염두에 두자.

싱크로를 끌어당기는 자석 만들기

지금까지는 어떻게 하면 이미 일어난 싱크로를 잘 알아챌 수 있을까에 대해 설명했다. 그렇다면 이제는 어떻게 하면 싱크로가 더 잘 일어나도록 할 수 있을까에 대해 설명하겠다. 싱크로는 기본적으로 우리의 제어 능력 밖에 있다. 말하자면 '하늘의 영역'에서 일어나는 일이기 때문에 싱크로를 의도적으로 발생시키는 일은 안타깝게도 불가능하다. 다만, 싱크로가 일어나기 쉬운 상태를 의도적으로 만들어 놓을 수는 있다.

정답부터 말하자면, 자신의 마음속에서 하고 싶다고 생각하는 일을 기회가 생길 때마다 주변에 퍼뜨리고 다니는 것이다. 내가 에피소드에서 소개한 두 개의 싱크로와 앞서 소개한 코칭 자격증 코스를 밟기 위해 필요한 클라이언트를 찾아준 여성의 사례가 모두 여기에 해당한다. 내가 '사실은 나는 이걸 꼭 하고 싶은데…'라며 말하고 다닌 것이 계기가 된 것이다. 나의 경험에 비추어 말하자면, 하고 싶은 일을 주변에 많이 말하고 다닐수록 싱크로는 일어나기 쉬워진다.

그러나 많은 사람들이 의외로 하고 싶은 일을 주변에 알리는 것을 주저한다. 그 일을 말하면 바보 취급을 받거나 반대의견에 부딪히거나 무시당하지 않을까 하는 두려움 때문일 것이다. 하지만 기억하라. 그런 두려운 마음 자체가 싱크로를 멀어지게 할수도 있다는 사실을. 싱크로를 잘 일어나게 하려면, 그리고 그싱크로를 잘 알아차리려면 본인의 마음이 먼저 열려 있어야 한다.

다만, 한 가지 착각해서는 안 될 것이 있다. 자신이 하고 싶은일을 말한다고 해서 반드시 싱크로가 일어나는 것은 아니다. 오히려 싱크로가 일어나는 것을 너무 의식하게 되면 역으로 싱크로는 잘 일어나지 않을 가능성이 있다. 싱크로가 일어나건 일어나지 않건 간에 열린 마음으로 기회가 있을 때마다 일단은 자신이 하고 싶은 일을 말하는 것, 이것이 중요하다. 그렇게 함으로써 내 주변에 어떤 '자기장'과 같은 것이 형성되면서 싱크로라고 불리는 현상을 끌어당기게 되는 것이다.

싱크로와 내면의 소리는 동전의 양면

마지막으로 싱크로와 앞서 소개한 내면의 소리와의 관계를살펴보겠다. 여기까지 이 책을 읽으면서 이미 눈치를 챘겠지만, 싱크로도 내면의 소리와 마찬가지로 하늘이 주는 선물이다. 이와 동일하게 내면의 소리도 싱크로와 마찬가지로 자신이 나아갈 길을 제시해주는 이정표라고 할 수 있다. 즉, 둘 다 내가 어느방향으로 나아갈지에 대한 하늘의 '사인'이라고 생각하면 된다.

이 둘의 차이점을 얘기하자면, 내면의 소리는 나의 안쪽에서오는 사인이고, 싱크로는 나의 바깥쪽에서 오는 사인이다. 감각적으로 설명하면 내면의 소리는 자신의 등을 뒤에서 밀어주는 것이고, 싱크로는 '이쪽이야, 이쪽이야' 하면서 손짓을 해주는 것이라고 표현할 수 있다. 따라서 사인이 어느 쪽에서 오는가 하는 차이일 뿐 내면의 소리와 싱크로는 기본적으로 연결되어 있다. 안쪽에서도 바깥쪽에서도 자신을 향한 수많은 메시지가 전송되고 있다는 사실을 기억하자. 그렇게 생각하면 감사의 마음이 넘친다.

또, 내면의 소리와 싱크로는 서로를 보완하는 기능을 한다. 즉, 내면의 소리에 따르면 따를수록 싱크로가 일어나기 쉬우며, 싱크로에 따르면 따를수록 내면의 소리를 듣기 쉬워진다. 그런 의미에서는 둘은 동전의 양면과도 같다고 할 수 있다. 따라서 내면의 소리와 싱크로를 별개로 생각하는 것보다는 둘 다 동시에 주의를 기울이면서 이른바 '상승효과'를 일으켜 그 누구도 아닌 나 자신만의 나다운 인생을 사는 방향으로 추진력을 발동시키도록 하자.

자, 지금 당신의 주변에서는 어떠한 싱크로가 일어나고 있는가? 그리고 그것은 당신에게 어떤 길을 가리키고 있는가?

Q1. 일상생활에서 일어나는 사건들에 주의를 기울이고, 뜻밖의 사건들은 노트에 적어보세요.

Q2. "만일 그 사건들이 특정 방향을 가리키고 있다면, 그것은 내 인생에
서 어느 방향을 뜻하는 것일까?" 하고 스스로에게 질문해보세요. 그
리고서 떠오르는 생각을 적어보세요.

3장

흐름을 타면
생각지도 못한 형태로
인생의 문이 열린다

Choosing to be in the flow
will open the door to a life
you have never imagined

출판을 계기로 창업하다

생각지도 못한 베스트셀러

미국 유학에서 돌아온 후 한동안은 유학 중에 개발했던 '천직창조 세미나'라는 이름으로 워크숍 형식의 체험형 프로그램을 진행했다. 이 프로그램 참가자 중 희망자에 한해서 코칭을 해주는 개인 비즈니스 형태였다. 그러던 중 천직창조도 좋은데 코칭도 재미있으니 코칭을 따로 가르쳐줄 수는 없는가 라는 문의가 들어오기 시작했다.

그렇게 시작된 스터디 형태의 코칭 교육을 계기로 인재 교육 관련 잡지사에서 코칭에 관한 기사를 써 달라는 요청이 오더니 교육 연수 업체에서 강연과 연수 요청이 들어오기 시작하였다.

그러던 와중에 CTI 창업자들이 개발한 '코액티브 코칭' 책이 출판되었고, 나는 이 책을 일본어판으로 만들어 일본에서 출판하면 좋겠다고 생각했다. 출판 의뢰로 이 출판사, 저 출판사를 돌아다니며 발품을 팔던 중에 '우리 출판사에서는 번역본은 잘 취급하지는 않지만, 테마가 재미있을 것 같으니 기획서를 제출해봐라'는 생각지도 못한 제안을 받게 되었다.

운 좋게 제안서가 통과되고 비즈니스 분야의 코칭 책으로

1999년 여름에 《부하의 능력을 열두 배 키워주는 마법의 코칭》이 출간되었다. 첫 저서인데도 타이밍이 좋았는지 10만부 이상 팔리는, 비즈니스 분야에서는 꽤 좋은 성적을 거두면서 여기저기에서 강연과 연수 의뢰가 들어오기 시작했다. '즐거운 비명'이란 게 이런 것일까? 혼자서는 도저히 감당할 수 없는 정도가 되자 나는 CTI 창업자들에게 도움을 요청했고, 이듬해 CTI 코액티브 코칭 프로그램을 일본에 론칭하기로 결정되었다. 이전부터 언젠가는 CTI 프로그램을 일본에서 해보고 싶다는 생각을 어렴풋이 하긴 했지만, 책이 출간되고 그 책이 예상외로 큰 반향을 일으키면서 꿈이 실현된 것이다.

예정에 없었던 회사 설립

솔직히 말해 처음부터 코칭으로 사업을 할 생각은 아니었다. 그냥 한번쯤은 CTI 프로그램을 일본에서 해보고 싶다는 정도였다. 실제로 CTI재팬을 설립한 것도 코액티브 코칭 프로그램을 시작한 2000년 5월에서 두 달 정도 지난 7월이다.

스스로가 CTI 코스를 밟고 인생이 달라졌다고 생각하고 있었기 때문에 이 훌륭한 프로그램을 일본 사람들에게도 알려주고 싶다고 생각한 것이 다였다. 코칭으로 미래 계획을 세우고 있지는 않았다.

그런데 코칭 프로그램으로 기초 코스를 2회 정도 진행하고 나니 응용 코스에 대한 문의가 들어오기 시작했고, 이래서는 안 되겠다 싶어서 서둘러 회사를 설립하게 된 것이다. 그때까지만 해도 창업을 한다는 생각 자체가 없었다.

실제로 회사를 설립하고 보니 직원 채용 문제며, 사무실 마련 문제 등 성가신 문제들이 생겼다. 개인사업자 형태로 자유롭게 운영하는 것이 적성에 맞다고 생각해온 나에게는 결코 쉬운 문제들이 아니었다.

게다가 회사를 설립한 이상 이전까지 운영했던 천직창조 세미나는 일단 접어두고 코칭 사업에 전념해야 할 필요성을 느꼈다. 창업과 경영 모두 경험이 없었기 때문에 하나라도 제대로 해야 했다. 이것 또한 회사 설립과 마찬가지로 나에게는 결코 쉬운 결단이 아닌 큰 도전이었다.

코칭으로 방향 전환

나는 이 길을 선택한 이상 이른바 '흐름'을 거슬러서는 안 된다는 생각을 하게 되었다. 천직창조 세미나 참가자들의 코칭 교육 요청을 계기로 코칭에 대한 기사를 작성하고, 코칭에 대한 강연과 연수 기회가 늘어났으며, 이것이 또 계기가 되어 코칭 책을 쓰게 되고, 그 책이 뜻하지도 않게 베스트셀러가 되는 등 이 모든 일련의 사건들이 나를 코칭의 길로 걷게 만들었다는 느낌이 들었다.

한편, 천직창조 세미나 참가자들 중 희망자에 한해 코칭을 해주고 있었지만, 한 번에 코칭해줄 수 있는 사람은 기껏해야 스무 명 정도였기 때문에 코칭을 할 수 있는 사람이 늘지 않는 한 나는 내 세미나에 참여한 사람들조차도 충분히 서포트하지 못한다는 것을 느낀 것도 코칭 쪽으로 방향을 전환한 하나의 이유였다.

지금까지 해오던 일을 내려놓고 창업이라는 미지의 영역으로 발을 들여놓는다는 것이 두렵기는 했지만, 이것이 앞서 말한 '흐름'을 타는 것이라고 믿고, 여기에 거스르지 않기로 한 것이다.

그리고 그 결단으로 내 인생은 그 후로도 계속해서 생각지도 못한 방향으로 전개되었다. 이것은 결국 스스로도 깨닫지 못했던 자신의 가능성에 눈을 뜨는 크나큰 계기가 되었다. 그런 의미에서 지금 뒤돌아보면 '흐름이 왔을 때 그 흐름을 타면 자신이 생각지도 못한 전혀 다른 형태의 문이 열린다'는 것을 새삼 실감한다.

흐름을 타면 생각지도 못한 형태로
인생의 문이 열린다

Key Message 3 에 대한 해설

'흐름'이란 무엇인가?

'흐름을 탄다'고 하더라도 그 '흐름'이 도대체 어떤 것인지를 모른다면 타고 싶어도 탈 수가 없다. 여기서 말하는 '흐름'이란 몇 가지 예기치 않은 사건이 연속해서 발생하면서 그것들이 특정 방향을 가리키는 것이 느껴지는 것을 뜻한다. 그런 의미에서 앞장에서 소개한 싱크로니시티가 비교적 짧은 기간에 여러 번 연속해서 발생하는 흐름이라고도 정의할 수 있다. 이 싱크로가 제시하는 방향이 자신이 의도하지 않은 방향이면서, 원래부터 특별히 바라고 있던 것도 아닌 경우에 나는 이것을 '흐름'이라고 강하게 느낀다.

이번에 소개한 에피소드를 예로 들면, 천직창조 세미나를 개최하면서 몇몇 참가자들에게 코칭을 해주는 정도의 개인 비즈니스를 하던 나에게 코칭 교육 제안이 들어오고, 잡지사로부터 코칭 기사 작성을 요청받고, 기업 인사교육 담당자를 대상으로 한 코칭 연수 의뢰가 연속해서 들어오는 일들이 바로 이 흐름에 해당한다. 그리고 이 흐름의 절정은 코칭 스승이 쓴 책을 일본어판으로 출판하기 위해 출판사를 전전하는 중에 직접 코칭 책을 써보라는 제안을 받아 《부하의 능력을 열두 배 키워주는 마법의 코칭》이라는 책을 출간하게 되고, 이것이 예상외로 많이 팔리면서 코칭 연수와 강연 의뢰가 쇄도한 일이라고 할 수 있다.

코칭에 관한 일련의 사건들이 이렇게까지 연속적으로 일어난다는 것은 그야말로 이 흐름이 나에게 코칭으로 방향을 전환하라고 하는 메시지가 아니고서야 무엇이겠는가? 사실 이 흐름을 느낀 것은 훨씬 이전 단계부터였지만, 실제로 이 흐름을 타겠다고 결심한 것은 출간한 책으로 연수와 강연 의뢰가 빗발치면서 혼자서는 도저히 감당할 수 없다고 느낀 때부터였다.

흐름에 몸을 맡기기

'맡기다'라고 말하면 자신의 의사에 반하여 무언가를 되는대로 내버려 두는 '수동적'인 이미지가 떠오를 수 있다. 그러나 나는 이 단어를 오히려 적극적인 이미지로 받아들인다. 이 어감을 정확하게 설명하려면 '몸을 맡기다'는 표현을 사용하는 것이 더 와 닿을지도 모르겠다. 즉, '이쪽이야'라고 방향을 가리키는 흐름에 설령 자신은 전혀 다른 방향의 계획을 세웠더라도 그 계획을 내려놓고 몸을 맡긴다는 느낌인 것이다.

흐름을 타기 위해서는 종종 이미 알고 있는 것, 하고 있는 일을 내려놓고 미지의 영역으로 뛰어드는 각오가 필요하다. 영어로는 'Leap of faith'(믿음의 도약)이라는 표현이 있는데 바로 이런 느낌이다. 밑져야 본전이라고 생각하고 과감히 해보는 것이다.

이 에피소드를 나에게 적용해 보았을 때 흐름을 탄다고 하는 것은 지금까지 해왔던 천직창조 세미나와 개인 코칭의 개인 비즈니스 영역에서 손을 떼고 한번도 해본 적이 없는 사업이라고 하는 미지의 영역으로 뛰어든 것이다. 창업해서 잘 되리라는 보장도 없었고, 오히려 기존에 하던 것을 계속하는 편이 안전하고 확실할지도 모르는 가운데 시작한 것이다.

그런 의미에서 지금까지 하던 일을 계속하는 것이 수동적인 것이고, 흐름을 타는 것은 오히려 적극적인 행위라고 할 수 있지 않을까?

무위이화(無爲而化)

흐름을 탄다고 하는 것이 얼마나 적극적인 행위인지를 잘 나타내는 표현으로 '무위이화(無爲而化)'라는 말이 있다. '무위(無爲)'란 중국의 3대 종교 중 하나인 도교(道敎)의 중심 개념으로 글자 그대로 해석하면 '아무것도 하지 않는다'는 의미이다. '무위도식(無爲徒食)'이나 '무위(無爲)하게 지내다'는 표현도 있는 것처럼 '무위'라고 하는 단어는 현대에는 흔히 부정적인 뉘앙스로 사용되지만, 도교에서 말하는 본래의 '무위'는 단순히 아무것도 하지 않는 것이 아니다. 도교에서는 '무위자연(無爲自然)'

이라고 하는 표현이 많이 사용되며, 이는 '우주 자연에 대하여 작위적인 일을 하지 않는 자연스러운 상태'를 뜻한다. 즉, '무위'란 '작위적인 것을 아무것도 하지 않는다'는 의미이며, 바꾸어 말하면 '우주 자연을 거스르지 않는 것'을 말한다. 따라서 '무위이화'라고 하는 것은 '자연의 흐름에 따라 행동하는 것'으로 해석할 수 있다.

나에게 코칭의 흐름이 왔을 때 만일 내가 '아니, 나는 지금까지처럼 천직창조 세미나를 중심으로 가겠다'며 이 흐름을 타지 않았다면 이것은 '무위'이지 '무위이화'라고 할 수 없다. 그러나 원래 계획에 없었더라도 또 리스크가 따른다고 하더라도 자연스럽게 흘러온 코칭의 흐름에 몸을 맡기는 것이 바로 '무위이화'인 것이다. 그런 의미에서 이 흐름은 '나의 조그마한 머리로 생각한 계획에 따를 것인가, 아니면 우주의 자연스러운 흐름을 탈 것인가'라는 선택의 문제로 받아들여도 좋을 것이다.

계획에 따르는 인생과 흐름을 타는 인생

인생을 사는 방법에는 크게 두 가지가 있다. 하나는 '계획에 따르는 인생'이고, 또 하나는 '흐름을 타는 인생'이다. 세상의 많은 사람들이 전자를 무의식중에 선택해서 산다. 전자를 선택한 사람들은 처음부터 다른 선택지가 있다는 사실 자체를 인식하지 못하는 경우도 있지만, 근본적인 이유는 겪어보지 못한 것에 대한 두려움 때문이다.

앞서 말했듯이 흐름을 타기 위해서는 자신이 이미 알고 있는 것과 지금까지 해오던 것에서 손을 떼고 미지의 영역에 뛰어들 필요가 있다. '미지(未知)'라고 하는 것은 '어떻게 될지 모르는 것'을 말한다. 대부분의 사람들은 이 '불확실성'이 두려울 것이다. 한편으로 '계획'이라고 하는 것은 자신이 예측할 수 있는 범위, 즉 '기지(既知)' 안에서 세우는 것이므로 이것을 따르면 어느 정도 미래가 보이는 것 같아 안심할 수 있다. 그러나 실제로는 모든 일이 계획대로 된다는 보장은 그 어디에도 없으며, 계획으로 그치는 일이 다반사이다.

사실 인생에는 기지의 일보다 미지의 일이 압도적으로 많이 일어난다. 그런데도 안타깝게도 우리는 자신의 인생에서 일어나는 일을 무엇이든 컨트롤하고 싶어 하고, 컨트롤하기 힘든 미지의 일보다 컨트롤하기 쉬운 기지의 일에 더 끌리기 마련이다. 그러나 결과적으로 인생은 생각한 대로 되지 않는 일이 더 많기 때문에 컨트롤하려고 하면 할수록 미지의 일에 대해서 더욱 두려움을 느끼게 된다. 그리고 이렇게 매일 두려움을 안고 살아가다 보면 인생 전체에서 오는 만족감과 행복지수는 떨어질 것이다. 따라서 어차피 미지의 일이 많은 인생이라면 이를 받아들이고 오히려 미지를 즐기는 편이 낫지 않겠는가? 그것이 결과적으로 인생 전체에서 볼 때 만족감과 행복지수가 올라가는 일이라고 나는 생각한다.

세계를 적으로 볼 것인가, 아군으로 볼 것인가?

미지의 일에 대해 마음을 열 것인가, 열지 않을 것인가 하는 문제는 흐름을 타는 것뿐만 아니라 내면의 소리와 싱크로에 따르는 부분과도 연결된다. 당연한 말이지만, 미지의 일에 마음을 여는 것은 말처럼 쉽지 않다. 그렇다면 어떻게 하면 미지의 일에 마음을 열고, 무위이화 정신으로 우주의 흐름을 탈 수 있을 것인가?

미지의 일에 마음을 여는 문제는 내가 세상을 어떻게 바라보고 있는지와 관계가 있다. 미지의 일에 대해 두려움을 품는 것은 궁극적으로는 세상을 적으로 보고 있다는 것을 뜻한다. 세상이 적이면 인생은 전쟁터가 된다. 이 세상은 약육강식의 이론이 지배하는 살벌한 곳으로 정신을 바짝 차리지 않으면 낭떠러지로 떨어지고 말 것 같기 때문에 결국 마음을 열지 못하는 것이다.

그러나 세상을 아군으로 본다면 전혀 다른 풍경이 펼쳐진다. 아인슈타인은 '인생에서 가장 중요한 결단은 우주를 우호적인 곳으로 보느냐, 적대적인 곳으로 보느냐에서 나온다'고 했다. 내가 처음 이 말을 들었을 때 어렴풋이 느끼고는 있었지만 정확하게 표현하지 못한 것이 바로 이 말이라며 무릎을 탁 쳤던 기억이 있다. 그도 그럴 것이 내가 내면의 소리에 따라 미국으로 유학 간 즈음부터 이 세상을 더 신뢰하며 살자는 생각을 하게 되었고, 실제로 실천하며 살았기 때문이다. 즉, 두려움의 눈으로 세상을 바라보며 스스로를 가두는 것이 아니라 의식적으로 신뢰의 눈으로 세상을 바라보며 세상을 향해 자신을 활짝 열자는 인생관으로 바꾼 것이다.

래디컬 트러스트(Radical trust)란?

나는 이런 인생관을 '래디컬 트러스트(Radical trust)'라고 부른다. '래디컬'이란 '근본적인'이라는 의미와 '과격한'이라는 의미를 가지고 있으며, '래디컬 트러스트'는 어떠한 근거나 보상을 바라지 않고 이 세상이 적이 아니라 아군이라고 믿는 것을 말한다.

신기하게도 의식적으로 이런 인생관을 가지고 자신을 열면 열수록 내면의 소리와 싱크로 메시지는 더 많이 들어온다는 것을 느낀다. 이런 메시지들은 다양한 형태로 나에게 노크하고 결과적으로 내가 마음의 문을 여느냐 마느냐에 모든 것이 달려 있다는 사실을 경험을 통해 확신하게 되었다.

물론 한 번 마음의 문을 연다고 해서 계속 열어놓은 채로 있는 것은 아니다. 나 또한 문을 닫을 때도 있다. 다만 예전과 비교해서 달라진 것은 인생을 어떤 특정 결과를 놓고 기대하며 사는 것이 아니라 나 자신이 얼마만큼 마음의 문을 열고 신뢰를 바탕으로 살아가느냐가 중요하다는 사실을 깨달은 점이다. 열었다고 해서 좋은 일만 일어나는 것은 아니다. 때로는 상처를 받아 닫고 싶어지는 일도 있다. 그러나 나는 그때마다 이런 경험도 래디컬 트러스트를 얼마만큼 관철할 수 있는지를 테스트하는 시험대라고 생각하고 오히려 더 여는 것을 선택했다. 그 결과 우주의 자연스러운 흐름이 나를 더욱 '진정한 나를 사는' 방향으로 인도해주는 느낌이 들었고, 그럴 때마다 다시금 아인슈타인의 말이 옳았고, 얼마나 중요한 말인가를 생각하게 되었다.

반복해서 말하지만, 미지의 일에 대해 마음을 열지 않는 것은 세상, 더 말하면 우주를 믿지 않는 것이다. 이 기본적인 인생관을 바꾼다면 미지의 일에 대한 두려움이 반대로 호기심으로 바뀌어 흐름도 더 자연스럽게 탈 수 있을 것이다.

흐름이 바뀔 때

중요한 것은 흐름을 타더라도 한 번 타는 것으로 끝이 아니라는 사실이다. 작은 배를 타고 강을 내려갈 때 항상 물의 흐름을 살피면서 배의 방향을 바꾸어 주어야 하는 것과 마찬가지이다. 인생도 항상 흐름을 살피면서 경우에 따라서는 방향 전환이 필요하다.

흐름이 바뀌었는데도 못 알아차리는 경우 흐름에서 벗어나 버릴 염려가 있다. 이와 관련해서는 나도 쓰라린 경험을 한 적이 있다. 실은 코칭 사업을 시작하고 한동안은 흐름을 타고 있다는 느낌을 받았지만, 어느 순간부터인가 사업 자체는 성장하고 있는데 나 자신은 괴롭기만 한 상태가 계속되었다. 그때는 느끼지 못했지만, 그 당시 나는 흐름이 어느 방향으로 가고 있는지보다는 어떻게 하면 주위의 기대에 부응하면서 사업을 이끌어갈 것인가에 더 집중하고 있었다. 그러다 건강을 해치고 나서야 비로소 알아차리게 되었다.

이와 관련해서는 다음 에피소드에서 소개할 예정이므로 상세한 설명은 생략하겠다. 다만, 이 경험으로 알게 된 사실은 흐름은 바뀌는 타이밍이 있고, 주의를 기울이면 어떠한 형태로든 흐름의 변화가 주는 사인을 느낄 수 있다. 그러나 사인을 눈치 채지 못하면 결국에는 흐름에서 이탈하게 된다. 내 경우는 몸이 너무 괴로워서 견딜 수가 없었던 것이 '흐름이 바뀌었다'는 사인이었고, 이것을 알아차리지 못한 탓에 결국에는 몸이 망가지고 나서야 '흐름에서 이탈'한 것을 알게 되었다.

참고로 어떻게 흐름이 바뀌었냐 하면 이전까지 '코칭에 힘을 써라'라던 흐름이 어느 순간부터 반대로 '코칭에서 손을 떼라'는 흐름으로 바뀌었다. 그러나 나는 처음의 흐름만 생각하고 코칭 사업에 더욱 힘을 쏟으며 무리하게 일했다. 그러나 나중에 깨달은 사실은 나는 이미 작위적이었고, 무위이화가 아니었다는 것이다. 무위이화로 자연의 흐름을 타고 있었다면 무리하게 일하지 않아도 모든 일이 순조롭게 진행되는 느낌을 받을 것이다. 그러나 그때는 완전히 반대였다. 오히려 '이렇게 해야 해'하며 머릿속으로 생각한 계획을 달성하기 위해 필사적으로 달렸다. 그야말로 강을 거꾸로 거슬러 올라가는 격이었다.

따라서 한 번 흐름을 탔다고 하더라도 탔을 때의 느낌을 항상 확인하면서 조금 이상한 기운이 느껴지면 다시 그 흐름과 자신과의 관계를 들여다볼 필요가 있다는 사실을 명심하자.

흐름을 타는 것과 그냥 흐름에 떠내려가는 것과의 차이

그렇다면 흐름이 왔다고 느꼈을 때 무조건 그 흐름을 타야만 하는 것인가? 나는 그렇지도 않다고 생각한다. 흐름이 왔을 때 무조건 타야만 하는 것은 아니다. 탈 것인지 말 것인지는 자신이 결정하면 된다. 탄다고 결정할 때는 자신의 의지가 들어간다. 이 의지가 매우 중요하다. 그렇지 않으면 '흐름에 탔다'기보다는 '그냥 흘러가고 있다'는 것에 지나지 않는다.

앞서 말했듯이 흐름을 탔다고 해서 반드시 모든 일이 잘 풀리는 것은 아니다. 이때 스스로 선택해서 흐름을 탄 것이 아니라면 누군가를 원망하거나 그 흐름 자체를 책망하기 쉽다. 그러나 자신의 의지로 선택해서 흐름을 탄 것이라면 그 결과에 대해서도 타인이나 흐름 탓을 하는 것이 아니라 그것을 받아들일 자세가 된다.

또 만일 동시에 여러 개의 흐름이 있어서 어느 흐름을 타야 할 것인지 망설여지는 경우는 자신이 가장 소중하게 생각하는 것이 걸려있는 흐름을 탈 것을 권한다. 어느 흐름을 탈 것인가 하는 것은 선택의 문제이기도 하지만, 그 사람이 무엇을 소중하게 생각하고, 매일 어떤 선택을 하며 살아가는지, 즉 그 사람의 삶의 자세와 방식을 대변해 주는 것이기 때문이다. 그 사람의 선택 하나하나가 자신은 어떤 사람인지를 표현하는 것이며, 그것이 가장 그 사람다운 인생의 형태를 만든다. 그렇게 선택해갈 때 선택의 결과가 어땠는지를 떠나서 언젠가 이 세상을 떠날 때 '아, 나는 진정한 나를 살았구나'하고 말할 수 있지 않을까? 후회 없는 인생을 산다는 것은 자신의 선택, 특히 자신이 소중히 여기는 것에 따라 선택하는 일들의 축적 결과로 말할 수 있다고 나는 생각한다.

파도를 탄다고 생각해도 좋다

흐름을 타는 것을 스스로 의지로 선택한다고 했을 때 어쩌면 '흐름'이라기 보다는 '파도'라고 말하는 편이 더 이해하기 쉬울 수도 있다. 서핑을 할 때 넓은 바다 저편에서 밀려오는 파도를 기다렸다가 스스로 의지로 타는 것처럼 인생에서 자신을 향해 밀려오는 파도를 나 자신의 의지로 탄다고 상상해보자.

흐름이라고 말하면 하나의 흐름밖에 없는 것처럼 느껴지지만, 파도라고 말하면 여러 형태로 파도가 잇달아 밀려오는 이미지가 떠오른다. 서핑할 때도 모든 파도를 다 타는 것이 아니라 그중에서 어느 파도를 탈 것인가를 선택한다. 타고 싶은 파도가 아니거나 미처 탈 준비가 되어 있지 않았을 때는 파도를 그냥 보내기도 하다가 가장 좋은 타이밍에 '이거다!'하고 타는 것이다. 물론 신중히 선택해서 파도를 탔지만 실패하는 경우도 있을 것이다. 그러나 이 실패는 멍하니 있다가 파도가 지나가 버리거나 파도에 휩쓸려버리는 경우와는 수준이 다르다. 결과적으로 잘 탔는지의 여부보다는 스스로 선택해서 탔다는 사실이 중요한 것이다.

파도로 비유했을 때 또 한 가지 좋은 점은 파도는 한 번 지나가도 다시 또 다른 파도가 온다는 것이 쉽게 연상된다. 마찬가지로 인생의 파도도 한 번 오고 끝이 아니라 몇 번이고 찾아온다. 따라서 한 번 놓쳤다고 해서 '아까 그 파도를 탔어야 하는데' 하며 후회할 필요가 없다. 그럴 시간에 오히려 다음 파도를 준비하는 편이 훨씬 낫다. 즉, 지나간 일보다도 앞으로의 일을 생각하는 데에 자신의 시간과 에너지를 사용하라.

인생은 실험이다

　어떤 의미에서 인생은 실험의 연속이다. 나와 똑같은 인생을 살아본 사람은 아무도 없다. 따라서 해보지 않으면 그 결과는 아무도 모른다. 흐름을 타는 것도 마찬가지다. 타보지 않으면 어떻게 될지 아무도 모른다.

　해보지 않으면 모르는 것은 '계획에 따라 사는 인생'에서도 매한가지이다. 똑같이 모른다면 어느 쪽이 더 재미있겠는가? 나는 역시나 '흐름을 타는 인생'에 재미를 느낀다고 생각한다. '계획에 따라 사는 인생'은 가령 계획대로 잘 되었다 하더라도 그 결과는 '예상했던 대로'일 것이므로 만족감과 성취감만 있을 뿐이다. 그러나 '흐름을 타는 인생'은 애당초 계획이 없었기 때문에 늘 '다음은 어떻게 될까?'라고 하는 호기심이 넘칠 것이고, 생각지도 못한 인생의 전개에 놀라움과 감동을 함께 느낄 수 있다.

　'흐름을 타는 인생'은 '계획에 따라 사는 인생'보다 단순히 재미만 있는 것은 아니다. 앞에서도 말했듯이 이것은 두려움이 아니라 마음의 문을 열고 '래디컬 트러스트'라고 하는 근본적인 신뢰를 바탕으로 사는 것이므로 궁극적으로는 '우주를 아군으로 삼는 삶의 방식'이기도 한 것이다. 물론 이런 삶의 방식이 '계획에 따라 사는 인생'보다 더 잘 풀린다고 하는 과학적인 근거는 없다. 우리 한 사람 한 사람이 자기 삶을 통해 실험해가는 수

밖에 없다.

이렇게 사람이 한평생 삶의 방식을 실험하며 산다고 했을 때, 실험을 통해 증명할 가치 있는 가설은 무엇일까? 그것은 바로 내면의 소리와 싱크로에 따라 스스로 선택하고, 인생의 흐름을 따르며 사는 것이 비로소 진정한 나로 살아가는 것이다. 이 가설을 증명하기 위하여 지금까지 나는 내 인생을 사용하여 매일 실험을 거듭해온 것이고, 앞으로도 계속할 것이다.

자, 이 시점에서 다시 한번 생각해보자. 지금 당신의 인생에 어떤 흐름이 왔는가? 그리고 그 흐름을 탄다면 당신의 인생에는 어떠한 새로운 가능성이 열릴 것인가?

Q1. 일상생활에서 나는 잘 알지 못하는 것에 대해 얼마나 열린 마음을 가지고 있는지 의식해 보세요.

Q2. 잘 알지 못하는 사건이 나에게 일어났을 때 '만일 우주가 내 편이라면 나는 어떻게 반응할 것인가?'를 떠올려보고, 그것을 적어보세요.

4장

인생에서 일어나는 일들은
모두 의미가 있다

**Everything that happens
in your life has a meaning**

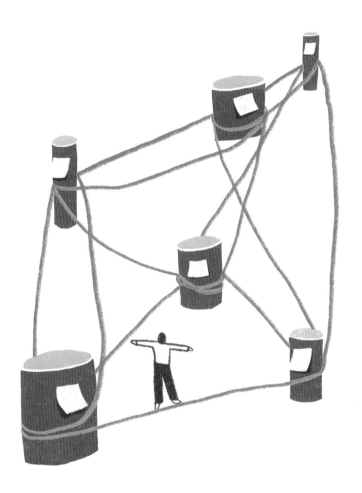

피스보트를 타면서 회사 경영에서 물러나다

담석 발병과 코치 권유

회사를 설립한 지 2년쯤 지난 2002년 봄, 생각지도 못한 일이 발생했다. 어느 날 새벽, 배가 찌를 듯이 아프더니 시간이 지날수록 통증은 점점 심해졌다. 구급차로 응급실에 실려 가서야 진단을 받은 것이 담석증이었다. 정밀 검사를 위해 그날 바로 입원 수속을 밟았다. 구급차에 실려 오고, 입원을 한 것도 모두 처음이었기에 무척 당황했지만, 수액을 맞은 덕분에 통증은 가라앉았다.

그즈음 다행히 회사는 순조롭게 발전하고 있었지만, 이 2년간 개인 비즈니스 쪽은 자전거 페달을 밟아가며 힘겹게 오르막길을 오르는 것과 같은 상황이 계속되었다. 거기서부터 무리가 생겼는지도 모르겠다. 당시 회사에는 캐나다인 코치가 있었는데, 퇴원 후에 참석한 첫 세션에서 나는 최근의 일을 보고하면서 정밀 검사 결과 바로 수술하지 않아도 된다고 해서 다행이라고 말했다. 그러자 그녀는 "말로는 다행이라고 하는데 왠지 실망한 기색이 느껴진다"고 하는 것이 아닌가?

처음에는 '에이, 그럴 리가'라고 생각했던 것이 곱씹어 생각할수록 수술해야 할지도 모른다는 말을 들었을 때 '이참에 조금 쉴 수 있으려나?'하고 생각했다는 사실을 깨달았다. 솔직한 심정을 털어놓았더니 그녀는 화를 내며 "안 아프면 쉬지도 못한다는 게 말이 되나요? 기왕 쉴 바에야 건강한 상태로 쉬어야 하는 것이 아닌가요?"고 말하는 것이었다. 그러면서 누가 코치 아니랄까 봐 만약에 건강한 상태로 3개월 쉴 수 있다면 무엇이 하고 싶은지를 나에게 물었다.

문득 고개를 들어보니 '언젠가 기회가 된다면 한번 가고 싶다'고 생각하며 벽에 붙여 놓은 피스보트(Peace Boat)* 신문광고가 눈에 들어왔다. 그리고 거기에는 '3개월간의 세계 일주'라는 글귀가 있었다. 이것을 보는 순간 '바로 이거야!'라는 생각이 들었다. 그걸 코치에게 말하니 그녀는 또 "그렇다면 이것을 실현하기 위해서 가장 먼저 무슨 일을 하고 싶어요?"하고 물었다. 나는 피스보트 사무국에 전화해서 최근 자료를 요청하는 것이라고 대답했다. 코치와의 대화가 끝난 후 나는 곧바로 피스보트 사무국에 전화를 걸었다. 그러자 이번 주 토요일에 설명회가 있으니 와 보라고 하는 것이다. 때마침 일정도 비어 있어 참석하기로 했다.

피스보트 Peace Boat 국제교류를 목적으로 1983년에 설립된 동명의 비정부조직 주최로 세계 각국을 도는 선박 여행.

충동적인 결정으로 승선한 피스보트

설명회에는 그해 7월에 결혼을 약속한 약혼녀와 함께 갔다. 그리고 설명회가 절반도 끝나지 않았는데 이미 나는 신청서를 작성하고 있었다. 깜짝 놀라는 그녀에게 "지금 신청 안 하면 영원히 못 갈 것 같아"라고 말했다. 지금 생각하면 그때는 신중하게 생각하고 결정했다기보다는 무언가에 홀리기라도 한 듯 충동적으로 신청서를 쓴 것 같다.

실제로 그 자리에서 신청서를 쓰지 않았다면 그 이후에는 가면 안 되는 이유가 끝도 없이 나와 결국은 주저앉았을 것이다. 규모가 작은 회사이기는 하지만 회사 대표가 사업이 궤도에 오르기도 전에 3개월이나 자리를 비우면서 여행을 떠난다고 하는 것은 있을 수 없는 일이다. 하지만 나는 '이거야!'라고 하는 내면의 소리를 믿고, 그 다음 주 과감히 회사에 통보했다.

말할 것도 없이 처음에는 모두가 아연실색하였다. 그러나 감사하게도 나중에는 "우리가 어떻게든 해볼 테니 몸도 추스를 겸 신혼여행 겸해서 다녀오세요"라며 기분 좋게 승낙해주었다.

지금까지의 무지함에 반성하다

그렇게 해서 그해 8월부터 3개월간의 일정으로 피스보트에 탔다. 피스보트는 처음에 상상한 것보다 훨씬 더 색다른 체험이었다. 피스보트는 사회경제적으로 궁핍한 나라와 자연재해로 어려움을 겪는 사람들을 지원하기 위하여 일본에서 수급한 생활 물품을 배로 조달하는 목적으로 출범한 단체이며, 그런 의미에서는 승선한 승객들은 지원활동을 하기 위한 사람들이다.

따라서 항해 중간중간에 들르는 항구에서는 이른바 관광하는 옵션도 있었지만, 주로 '교류 투어'나 '스터디 투어'라는 이름으로 피스보트가 지원하는 현지인들과의 교류나 현지인들의 고충을 들어주는 시간으로 사용되는 옵션이 많았다. 나는 이때가 아니면 경험할 수 없는 일이라 생각하고 아내와 함께 여러 투어 옵션에 참가하였다. 실제로 지금까지 책이나 매체를 통해서만 알던 환경파괴 문제나 빈부 격차 문제, 그리고 전쟁의 참상 등과 같은 문제들을 피부로 느낄 수 있었다.

또, 배 위에서는 도선사(導船士)라 불리는 전문가들이 매일같이 전 세계 시사 문제를 다루는 강연을 했고, 딱히 다른 할 일도 없었기에 여기에도 참석했다. 강연은 지금까지 알지 못했던 정보들로 가득했다. 그동안 내 자신이 얼마나 무지했는가를 처절하게 깨닫는 순간이었다.

지금까지 코칭이라고 하는 조그만 세계에서 제법 잘 나가는 사람이라며 우쭐해 있었다는 생각이 들었다. 우물 안 개구리라는 말은 이럴 때 하는 것일까 하는 강한 위기감을 느꼈다. 누군가는 배 타고 세계 일주를 한다고 하면 우아한 크루즈 여행을 상상할지도 모르겠으나 나에게는 여행 내내 뒤통수를 얻어맞는 듯한 체험의 연속이었다.

논리가 통하지 않는 내면의 소리

그렇게 우울한 생각에 잠겨 있던 어느 날 배 갑판에 서서 망망대해를 바라보고 있을 때였다. 문득 마음속에서 내면의 소리가 울리는 것을 느꼈다. 'It's time to move on.' 왜 그때 영어로 소리가 들렸는지는 알 수 없지만, 해석 하자면 '지금이야말로 다음 단계로 나아갈 때다'는 의미가 되겠다. 이 말만 들으면 무슨 소리인지 모를 수도 있겠으나 나는 직감적으로 알 수 있었다. 그것은 '코칭 일을 내려놓을 것'이었다.

내 머리는 즉각 '말도 안 돼'라며 반론했다. 당시 사정상 도저히 있을 수 없는 일이었기 때문이다. 회사도 이제 겨우 기반을 잡아가고 있어 이제부터 전력 질주해야 할 시기인데다 이럴 때 창업자가 무려 3개월이나 휴가로 자리를 비워 놓고는 복귀하자마자 '그만두겠습니다'라고 할 수는 없는 노릇이었다.

물론 귀를 막고 이 소리를 무시하는 선택지도 있다. 그러나 미국 유학 시절 '이제부터는 내면의 소리에 따라 살겠다'고 정하며 지내온 결과로 코칭과도 만날 수 있었던 것을 생각하면 이제 와서 나에게 불리하다는 이유로 이 소리를 배신할 수가 없었다.

다만, 이듬해에 CTI재팬의 이름으로 새로운 자격증 코스와 리더십 프로그램 론칭을 기획하고 있었기 때문에 나 자신에게 1년의 유예기간을 두기로 마음먹었다. 그 후에도 정말로 내려놓는 것이 맞는가 하는 망설임도 솔직히 있었지만, 다행히 믿고 맡길만한 후임자도 나타나 주어 예정대로 1년 후인 2003년 말에 CTI재팬의 대표직을 사임하고 경영에서 물러났다.

인생에 허사란 없다

뒤돌아보면 인생에서 일어나는 모든 일에는 의미가 있다는 사실을 통감한다. 담석증으로 배를 움켜쥐고 일어나지 못할 때 '나에게 왜 이런 일이...' 하는 생각도 들었지만, 그것을 계기로 피스보트에 승선하는 경험을 할 수 있었다. 그리고 피스보트에 탄 덕분에 자신의 무지함에 눈을 뜰 수 있었고, 코칭이라고 하는 좁은 세계에서 빠져나와 새로운 도전을 향해 한 발 내디딜 수 있었던 것이다.

일이 일어날 때는 왜 이런 일이 생겼는지 이해할 수 없지만, '분명히 여기에도 어떤 의미가 있을 거야'라고 생각하면 어떤 일이 일어나도 냉정하게 받아들일 수 있다.

바꾸어 말하면 '인생에는 허사가 없다'는 것이다. 인생에 일어나는 모든 일에는 의미가 있기 때문에 이 모든 일에는 단 하나라도 허사가 있을 수가 없다.

인생에서 일어나는 일들은
모두 의미가 있다

의미 부여는 인간만의 특권

인생에서 일어나는 모든 일에 의미가 있더라도 각각의 일에 어떤 의미를 부여할 것인가는 그 사람 자신에게 달려있다. 어떤 일에 대해 만 명이면 만 명에게 똑같은 해석을 내릴 수는 없다. 즉, '의미를 부여하는 것'은 극히 개인적인 작업이며, 스스로가 마주해야 할 숙제이다.

이렇게 말하면 '내 인생에서 일어나는 모든 일에 의미를 부여해야만 하는가?' 하고 반문할 수도 있다. 물론 그것은 너무 힘든 일이며, 그렇게 할 필요도 없다. '의미를 부여하는 것'은 의무 사항이 아니다. 오히려 '권리'라고 할 수 있다. 특히 우리 인간에게만 주어진 '특권'이 아닐까 생각한다.

제2차 세계대전 때 나치 강제수용소에서 기적적으로 살아남은 정신과 의사 빅터 프랭클(Victor Flankl)은 "인간은 의미를 찾는 동물이다"라고 말했다. 달리 말하면 지구상에 존재하는 동물 중 유일하게 인간만이 삶에서 의미를 찾는 힘을 지녔다는 것을 의미한다. 물론 다른 동물도 '이것은 위험한 상황이야'와 같은 매우 기본적인 의미를 인식하는 능력은 있다. 그러나 이것은 생존 본능과 직결되는 것에만 국한되며, 인간처럼 고도로 발달한 의미 부여 능력을 가지고 있지는 않다.

그러나 실제로 이것을 특권이라고 인식하는 사람은 많지 않다. 이 때문에 안타깝게도 각자가 가지고 있는 '의미를 부여하는 능력'을 충분히 발휘하지 못하는 경우가 대부분이다. 이 특권을 자각하지 못하면 얻는 것보다 잃는 것이 더 많아질 가능성이 크다. 왜냐하면 의미를 부여하는 능력은 '양날의 검'과도 같아서 자신에게 이득을 가져다주는 경우가 있는가 하면 반대로 해를 끼치는 경우도 있기 때문이다.

자신에게 유익한 의미와 무익한 의미

삶의 의미에는 크게 두 종류가 있다. 자신에게 유익한 의미와 무익한 의미이다. '자신에게 유익한 의미'를 다르게 말하면 '자신에게 힘을 주는 의미'이며, '자신에게 무익한 의미'란 '자신에게서 힘을 뺏는 의미'라고 표현할 수 있다. 우리는 의식하든 의식하지 않든 인생에서 일어나는 일에 항상 의미를 부여한다. 다만, 이때 자신에게 힘을 주는 의미를 부여하는가 하면 반드시 그렇지도 않다는 것이다.

그 이유는 무엇일까? 뇌과학자에 의하면 인간은 원래 나쁜 방향으로 해석하려는 습관이 있다고 한다. 인간의 뇌는 세 개의 층으로 구성되어 있는데, 이 중 '동물 뇌'로 불리는 부분이 어떤 위험을 감지했을 때 본능적이고 무의식적으로 작동하면서 그 위험을 회피하기 위한 판단을 재빨리 내리는 기능을 한다고 한다. 이 뇌는 아주 먼 옛날, 인류가 수렵 채집 생활을 하던 시절에 생존을 위해서는 맹수와 같은 외부의 위협으로부터 자신을 보호할 필요가 있을 때 아주 유용하게 사용했을 것이다. 현대에 와서도 전쟁이나 범죄와 같은 극단적인 상황에 맞닥뜨렸을 때는 꼭 필요하다. 그러나 실제로는 이것을 사용할 만한 위험에 직면할 일은 그리 많지 않음에도 불구하고 옛 기억의 잔재가 남아 동물 뇌가 작동하면서 필요 이상으로 일상에서 일어나는 일을 나쁜 방향으로 해석하고, 마치 자신에게 위험이 닥친 것과 같은 착각을 하는 경향이 있다고 한다.

이 습관은 이미 일어난 일에 대한 의미 부여뿐만 아니라 미래를 계획하는 일에도 자주 얼굴을 내민다. 즉, 필요 이상으로 리스크를 크게 감지하여 결국에는 아무 일도 하지 못하게 만든다. '그렇다 하더라도 리스크를 먼저 예상해 놓는 것은 좋지 않은가?' 하고 질문하는 사람이 있을 수 있다. 그러나 예상하는 리스크가 늘어날수록 불안감도 커져 처음 시작할 때의 의욕은 사라져버릴 가망성이 크다. 이 때문에 본래 가지고 있던 힘조차 발휘하지 못하고, 결국에는 자신에게도 주변 사람에게도 아무런 도움이 안 된다.

휴스턴 대학교의 브레네 브라운 교수에 의하면 많은 사람들이 '잘 안되면 어쩌지?'하는 불안감 때문에 자신이 진정으로 하고 싶은 일을 포기하는 경향이 있다고 한다. 이뿐인가? 일이 잘 되지 않았을 때의 충격을 완화하기 위하여 평소 머릿속에서 '비극 리허설'을 하는 사람도 많다고 한다. 이런 사람은 일이 잘 풀리지 않았을 때는 '역시 내가 그럴 줄 알았어'라고 말할 준비를 미리 해놓는 것이다. 즉, 자신이 상처받는 것을 두려워한 나머지 소중한 '의미 부여 능력'을 자신의 가능성을 확장하는 것에 사용하는 것이 아니라 오히려 좁히는 데에 사용하고 마는 것이다.

의미 부여의 효과

한 가지 오해가 없었으면 한다. 일을 나쁜 쪽으로 해석하는 것 자체가 무조건 나쁘다고 말하는 것이 아니다. 얼핏 '부정적인 시각'으로 여겨지는 의미 부여가 오히려 더 큰 용기를 북돋아 주는 경우도 있다. 가령 자신이 현재 처한 상황을 필요 이상으로 엄격한 잣대로 바라봄으로써 오히려 반발심에 불이 붙어 더 분발하게 되는 일도 있고, 더욱 신중히 고민함으로써 타인에 대한 공감 능력이 커지는 일도 있다.

따라서 여기서는 굳이 '긍정적인 의미 부여'나 '부정적인 의미 부여'라고 하는 이분법적인 표현은 사용하지 않겠다. 내가 중요하다고 생각하는 것은 단 하나, '그 의미 부여가 자신에게 힘을 주는가, 아니면 힘을 빼앗는가?'이다. 발생하는 일 자체에는 긍정적인 일도 부정적인 일도 없다. 어떤 의미에서는 발생하는 일 자체에는 아무 의미도 없을 수도 있다. 여기에 의미를 부여하는 것은 우리 인간이다. 그렇다면 중요한 것은 '그 의미 부여가 자신에게 어떤 효과를 주느냐' 하는 부분이 아닐까?

의미를 부여하는 힘에 대해 자각이 없는 경우는 단순히 자신에게 힘을 주는 의미 부여를 하지 못할 뿐 아니라 극단적인 경우에는 그 사람의 생사가 걸릴 정도의 파장을 일으킬 가능성도 있다. 앞서 소개한 빅터 프랭클에 의하면 자신과 마찬가지로 나치 강제수용소에서 기적적으로 살아남은 사람들은 모두 자신이 살아남은 것에 대한 강렬한 의미를 찾고자 하는 공통점이 있었다고 한다. 예를 들어 이런 비극이 두 번 다시 반복되지 않도록 산 증인이 되겠다는 사람이 있는가 하면 자신이 하던 일을 완수하지 못하면 죽어도 눈을 감지 못한다는 사람도 있었다. 한편 자신이 처한 상황에 절망한 사람들의 대부분은 가스실로 보내지기 전에 생명을 다했다고 한다. 즉, 자신에게 힘이 되는 의미 부여를 할 수 있는 사람은 그렇지 않은 사람보다 살아남을 확률이 현저히 높다고 할 수 있다. 의미를 부여하는 일이 자신에게 어떤 효과가 있는지를 아는 것이 중요하다고 말하는 이유 중 하나가 바로 이 점에 있다.

예전에 비하면 많이 줄었다고는 하나, 일본에는 스스로 목숨을 끊는 사람이 아직도 연간 이만 명을 넘는다고 한다. 이 또한 자신의 인생에서 일어나는 일에 대해 어떤 의미 부여를 하느냐에 크게 관계되는 일이다. 물론 그 사람이 그러한 극단적인 선택을 하기까지의 배경에는 너무나도 감당하지 못할 사정이 있었겠지만, 결국은 그 선택을 하기 전에 자신의 힘을 뺏는, 심지어 이렇게 이 세상을 살아갈 수도 없도록 힘을 빼앗아버리는 의미 부여를 했을 것이다. 누군가 자살했다는 뉴스를 접할 때마다 무언가 다른 의미 부여를 할 수 있지 않았을까 하는 마음에 안타까움을 금할 수가 없다.

의미를 발견하는 방법은 무수히 많다

여기까지 페이지를 넘기면서 당신도 자신의 삶에 의미를 부여하는 것이 얼마나 중요한가에 대해 이해했을 것이다. 이제부터는 어떻게 하면 자신에게 힘을 주는 의미 부여를 할 수 있을지에 대한 이야기해 보겠다.

자신에게 힘을 주는 의미 부여를 하기 위해서는 먼저 나에게는 의미를 부여하는 힘이 있으며, 실제 삶 속에서 항상 의미를 부여하고 있다는 사실을 자각할 필요가 있다. 그러고 나서 일상생활 속에서 내가 어떤 의미 부여를 하고 있는지에 주의를 기울여보자. 특히 예상하지 못했던 일이나 좋지 않은 일이 발생했을 때 여기에 어떤 의미를 부여하고 있는지를 알아차리는 것이 중요하다. 만일 힘을 빼앗는 의미를 부여하고 있다면 이를 알아차리고 다시 자신에게 힘이 되는 방향의 선택을 하는 것이다.

말하는 것은 쉽지만, 실제로 일상에서 무의식적으로 행동하고 생각하는 모든 일에 대해 의미를 부여하는 프로세스를 만드는 데에는 노력이 필요하다. 자신의 의식하에 일어나는 현상을 인식하는 것을 심리학에서는 '메타인지'라고 하는데, 메타인지적 인식을 하기 위해서는 마치 자기가 자기의 뇌 속을 들여다보는 것처럼 객관적으로 자신의 사고를 파악하는 습관을 기를 필요가 있다.

　물론 처음부터 쉽지는 않을 것이다. 어떻게 하면 자신에게 힘을 주는 의미 부여를 하도록 의식을 가동할 수 있는지 막막할 것이다. 무조건 의미를 찾으려고 초조해하면 일종의 강박증과 같은 것이 생겨버려 오히려 힘을 빼앗기게 된다. 따라서 당장 의미를 찾지 않더라도 '이 일에는 반드시 어떤 의미가 있을 것이고, 차츰 알게 될 것이다'라고 생각하는 여유로운 자세를 가지자. 그렇게 하면 어느 순간 시간이 지나고 뒤돌아보았을 때 '아! 그때 그 일에 이런 의미가 있었구나' 하고 무릎을 치는 일이 생길 것이다.

　또 한 가지 기억해둘 점이 있다. 같은 일이라도 의미를 부여하는 방법은 무수히 많다는 점이다. 그리고 자신에게 힘을 주는 의미 부여도 한 가지 방법만 있는 것이 아니라 여러 가지가 있을 수 있다. 의미 부여가 마치 수학 문제를 푸는 것처럼 단 하나의 정답만이 존재할 것이라고 생각하지 않도록 주의하자. 한 가지 일에 대해서 다각도로 의미가 있을 수 있다고 유연하게 해석한다면 후에 당신의 삶은 더욱 확장된 형태로 전개될 것이다.

자신에게 힘을 실어주는 스토리 뽑아내기

　그렇다면 인생에서 일어나는 일에 대해 유연하게 해석할 수 있게 되었을 때 어떠한 확장된 삶이 전개될까?

　하나하나의 사건에 의미를 부여하는 것도 도움이 되지만, 더 큰 도움이 되는 것은 서로 다른 여러 사건들 속에서 의미 있는 관계성을 찾는 일이다. 이것은 에피소드2에서 소개한 '싱크로니시티'와 에피소드3에서 소개한 '흐름'을 어떻게 알아차리는가 하는 문제와도 연결된다. 얼핏 보면 전혀 관계가 없는 것처럼 보이는 사건들 사이에 의미 있는 관계성을 찾게 되면, 그것들이 하나의 스토리로 이어진다는 것을 깨닫게 될 것이다. 따라서 개별 사건에 대한 유연한 해석을 할 수 있다면 그만큼 다른 사건들과 연관이 있는 접점을 발견할 수 있는 가능성이 커지고, 그것들을 연결한 스토리를 가지고 다양한 전개를 할 수 있게 된다.

별자리 찾기를 예로 들면 이해가 쉬울 것이다. 밤하늘에 떠 있는 무수히 많은 별들을 이어보면 별자리라고 하는 의미가 부여된 관계성을 찾을 수 있다. 사실 이 별자리라고 하는 것도 원래부터 존재하던 것이 아니라 인간이 몇 개의 선을 연결해서 만들어 이름을 붙인 것이다. 그렇다고 한다면 이미 알려진 별자리 외에도 나만의 별자리를 얼마든지 만들어 이름을 붙일 수 있다. 마찬가지로 자신의 인생에서 일어난 관계가 없어 보이는 일련의 사건들에 의미를 부여하고 선으로 연결해서 나만의 스토리를 만들 수 있다. 그리고 그 스토리를 나에게 힘이 되는 스토리로 편집하는 것 또한 누구든지 얼마든지 가능하다. 안타깝게도 많은 사람들이 자신의 인생에서 일어나는 일들 사이의 관계성과 의미를 찾지 못하며, 찾으려고 하는 사람조차도 어딘가에 정답이 있을 거라고 기대하는 것을 자주 본다.

내 경우를 예로 들자면, 담석증을 계기로 피스보트를 타게 되고, 또 그 계기로 코칭 사업에서 손을 떼게 된 일련의 사건들을 선으로 연결해서 나올 수 있는 스토리에는 여러 종류가 있다. 가령 '입원과 장기 휴가로 인해 일에 대한 의욕을 잃었다'는 스토리가 나올 수 있고, '입원과 장기 휴가로 새로운 가능성에 눈을 떴다'고 하는 스토리가 나올 수도 있다. 어느 쪽이 힘이 되는 스토리인지는 두말할 필요도 없다. 중요한 것은 자신의 편집 능력이다.

의미를 부여하는 궁극적인 목적

그렇다면 이렇게 자신의 인생에 일어나는 일들과 이들의 관련성에 의미를 찾는 궁극적인 목적은 무엇일까?

이 모든 의미 부여 행위의 궁극적인 목적을 한마디로 말하면 '정신적으로 자유로워지는 것'이다. 자신의 인생에서 일어나는 일에 대해 힘을 주는 형태로 의미를 부여하지 않는 것은 자신이 그 일들의 '희생자'가 된다는 것을 의미한다. 왜냐하면 어떤 일이건 마음만 먹으면 자신에게 힘이 되는 의미 부여를 할 수 있는데도 그렇게 하지 않는 것은 자신이 인생의 주체가 아니라 일어나는 일이 주체가 된다는 뜻이며, 거기에 자신은 어디까지나 농락당하는 객체에 지나지 않는다는 뜻이 되기 때문이다.

진정한 나를 살기 위해서는 인생의 주도권을 나 자신에게로 가지고 올 필요가 있다. 일의 희생자가 되어서는 자유로운 인생을 산다고 할 수 없다. 인류의 역사를 돌아보더라도 모든 역사는 각기 다른 형태의 자유를 단계적으로 획득하는 과정이었다.

노예제도가 있던 시절에는 육체적인 자유를, 신분제도가 있던 시대에는 사회적인 자유를, 전제정치 시대에는 정치적인 자유를, 산업혁명 이전의 시대에는 경제적인 자유를 얻고자 수많은 노력을 한 결과 얻어낸 산물이다. 물론 현대에 이른 지금까지도 이 모든 자유를 누리지 못하는 사람이 많지만, 큰 시각에서 볼 때 인류는 이러한 진화를 거듭해온 것이다. 그리고 어떤 의미에서 마지막으로 남은 보루는 정신적인 자유가 아닐까 생각한다.

이 정신적인 자유는 설령 모든 자유가 억압당하더라도 이 상황을 초월할 수 있는 것이라고 생각한다. 빅터 프랭클의 예를 보자. 그는 나치 강제수용소에서 모든 자유를 빼앗겼지만, 정신적인 자유만은 누구에게도 내주지 않았다. 즉, 그가 자신에게 놓인 상황을 자신에게 힘을 주는 형태로 의미 부여하는 힘은 그 아무리 나치라 하더라도 빼앗을 수 없었던 것이다. 반대로 육체적으로도 사회적으로도 정치적으로도 경제적으로도 자유로움에도 불구하고 정신적으로 자유롭지 못한 사람도 많다. 누구나가 부러워할 만한 인생을 살던 사람이 어느 날 갑자기 스스로 목숨을 끊는 일도 자주 접한다. 이런 이야기를 들을 때면 '인생에 행복이란 과연 무엇일까?'를 새삼 생각하게 되지만, 그것은 결국 정신적인 자유를 누리고 있는지와 크게 연관성이 있다고 나는 추측한다.

심볼릭 리얼리티(Symbolic Reality) 와 사이언티픽 리얼리티(Scientific Reality)

여기서 잠깐 생각해보자. 만약 누구에게나 의미를 부여하는 힘이 있다고 한다면 누구나 자유롭게 사용할 수 있을 텐데 실제로는 그렇지 않은 이유는 왜일까?

이것은 아직 현대에서 충분히 개척되지 않은 분야이다. 한 가지 이유로 들 수 있는 것은 우리가 살고 있는 이 시대는 과학 지상주의가 지배하고 있어 현실을 받아들이는 방식이 무수히 많다는 사실을 받아들이기가 쉽지 않기 때문이라고 생각한다.

과학, 특히 근대 이후의 전통 과학에서는 항상 하나의 해답을 추구해왔다. 따라서 현실을 받아들이는 방식도 한 가지로 규정하고, 거기에 애매한 요소가 섞이는 것을 허용하지 않는다. 이것을 '사이언티픽 리얼리티(과학적 현실)'라고 부른다. 한편, 이에 반하는 개념으로 '심볼릭 리얼리티(상징적 현실)'라는 것이 있다. 문자 그대로의 현실이 아니라 거기에 의미를 부여한 것을 말한다. 실제로 우리는 눈앞의 현실에 대해 항상 자신만의 특별한 의미를 부여하며 살고 있다. 따라서 우리는 이미 심볼릭 리얼리티를 살고 있는데도 마치 모두가 동일한 사이언티픽 리얼리티를 살고 있는 듯한 착각을 하는 것이 문제의 근원일지도 모르겠다.

여기서 중요한 것은 사이언티픽 리얼리티는 하나밖에 없지만, 심볼릭 리얼리티는 무수히 많다는 사실이다. 그리고 우리는 이 무수히 많은 심볼릭 리얼리티 속에서 언제라도 자신이 좋아하는 것을 선택할 수가 있다. 이런 고마운 특권이 있다는 사실을 자각하고 이를 온전히 활용함으로써 비로소 인간은 정신적으로 자유로워질 수 있다.

'무골호인'이 되자

어떤 일에 대해 항상 좋게 해석하는 사람을 '무골호인(無骨好人)'이라고 부른다. 그러나 이 표현은 그다지 좋은 의미로 사용되지 않고, 오히려 그 사람을 바보 취급하는 부정적인 의미가 포함되어 있다. 그러나 나는 이 세상에 무골호인이 더 많아져야 한다고 생각한다. 좋게 해석해서 더 힘이 난다면 그야말로 좋은 일이 아닌가? 반복해서 말하지만, 인생에서 일어나는 일들을 자신에게 힘이 되는 형태로 의미를 부여할 수 있다는 것은 아주 중요한 능력이다. 우리는 이런 능력을 더욱 키울 필요가 있다.

흔히 일본에서는 신발 끈이 떨어지면 불길한 징조라고 해석한다. 무엇인가가 끊어지는 것을 불길한 징조로 생각하는 사람이 아직도 많다. 그러나 이것은 누가 정한 것인가? 여기에는 아무런 과학적인 근거가 없다. 반대로 끈이 떨어지는 것을 길조로 해석해도 전혀 상관이 없는 것이다. 신발 끈이 떨어져도 기뻐할 수 있는 무골호인이야말로 역경에도 굴하지 않는 강인함을 가지고 있는 존재가 아닌가? 어떤 일에 바로 부정적인 해석부터 하는 사람에 비해 훨씬 행복한 인생을 살 수 있는 사람이 아니겠는가?

만일 무골호인이 되는 것에 불편함을 느낀다면 그것은 '좋은 쪽으로 해석했다가 실패하면 어떡하지?' 하는 마음 때문일지도 모른다. '실패'도 하나의 의미 부여이다. 이것을 어떻게 받아들이냐에 따라 힘을 얻기도 빼앗기기도 한다. 발명왕 토마스 에디슨(Thomas Edison)이 전기를 발명하기까지 999번의 실패를 어떻게 감당해냈느냐는 기자의 질문에 "나는 999번의 실패를 한 것이 아니라 전구가 켜지지 않는 999가지의 이유를 알게된 것이다"라고 대답한 유명한 일화가 있다. 이것이야말로 자신에게 힘을 주는 의미 부여를 한 대표적인 사례가 아닐까 생각한다. 그가 이룬 위대한 업적들을 생각할 때 그에게 '무골호인'이라며 바보 취급하는 사람은 어디에도 없을 것이다.

가장 소중한 의미 발견

지금까지 의미를 부여하는 방법은 무수히 많다는 설명을 했다. 이 중에서도 특히 모든 의미 부여의 기반이 되는 두 가지를 소개하겠다. 그것은 바로 '자신의 존재 자체에 의미가 있다'는 것과 '인생에서 일어나는 모든 일에는 의미가 있다'는 사실이다. 이 두 가지가 전제되어야 비로소 다른 모든 의미 부여가 글자 그대로 의미를 지니게 된다. 동시에 이 두 가지는 우리에게 힘을 불어넣어 주는 원천이기도 하다.

이것은 반대로 말하면, 자신의 존재 자체와 자신의 인생에서 일어나는 일에 '의미가 없다'고 생각하는 것이 가장 우리에게서 힘을 뺏는 의미 부여라고 할 수 있다. 프랭클이 말한 "인간은 의미를 찾는 동물이다"라는 말을 뒤집어 놓으면 '인간은 의미를 찾지 못하면 살 수 없는 동물이다'는 말이 된다. 만일 자신의 존재 자체와 자신의 인생에서 일어나는 일들이 모두 무의미하다면 사는 의미 자체를 느낄 수 없게 되는 상태가 된다.

그러지 않고 자신의 존재 자체도, 그리고 자신의 인생에서 일어나는 일도 모두 의미가 있다고 받아들인다면 이것은 근본적으로 자신을 긍정하는 일이며, 이와 동시에 세상을 긍정하는 일이다. 자신과 세상을 긍정할 때 사람은 두려움이 아니라 감사와 신뢰가 가득한 마음으로 인생을 살아갈 수 있게 된다. 이것이야말로 의미 부여가 우리에게 주는 가장 큰 효과가 아닐까?

그렇다면 당신은 매일 당신의 인생에서 일어나는 일에 어떤 의미를 부여하고 있는가? 그리고 그것은 당신에게 힘을 불어넣어 주고 있는가?

Q1. 일상생활에서 일어나는 일들, 특히 나에게 좋지 않은 일이 발생했을
때 그것을 나는 어떻게 해석하는지 의식해 보세요. 그리고 그 해석을
적어보세요.

Q2. 혹시 그 일이 알고 보면 나에게 더 많은 에너지를 주는 다른 의미가 있는 것은 아닌지 생각해보고, 이때 떠오르는 것을 적어보세요.

5장

올바른 해답을 찾기보다
올바른 질문을 가지는 것이
인생을 풍요롭게 한다

Rather than looking for the right answers,
holding the right questions
will bring richness to your life

에코빌리지 매력에 빠져 스코틀랜드로 이주

에코빌리지 트레이닝에 참가하다

특별히 무엇을 할 것인지를 정해놓고 CTI재팬의 경영에서 손을 뗀 것은 아니었지만, 한 가지 해보고 싶은 것은 있었다. 그것은 스코틀랜드의 핀드혼(Findhorn)*이라고 하는 곳에서 일년에 한 번, 한 달간 진행되는 '에코빌리지 트레이닝' 프로그램에 참가하는 것이었다. 에코빌리지란, 이름 그대로 자연 친화적인 삶을 영위하는 공동체를 말하며, 에코빌리지 트레이닝은 이런 자연 친화 공동체를 만들기 위한 방법을 다양한 측면에서 교육 시키는 프로그램이다.

왜 이 트레이닝에 참가하고 싶었는가 하면 지금까지 코칭 일을 하면서 막연하게 느끼고 있던 의문점에 대한 힌트를 여기서 찾을 수 있지 않을까 하는 예감이 직감적으로 들었기 때문이다.

그 의문이라 함은 '코칭은 상대방의 가능성을 끌어내는 데

핀드혼 Findhorn 1962년에 아이린과 피터, 캐디 부부와 도로시 매클린에 의해 창설된 스코틀랜드의 북방지역에 있는 공동체 마을. 처음에는 정신 수양 공동체의 색채가 강했으나 최근에는 세계를 대표하는 에코빌리지로 널리 알려지게 되었다.

도움이 되는 매우 뛰어난 커뮤니케이션 기법이지만, 이 세상의 구조가 사람들의 가능성을 끌어낼 수 없게 만들어져 있다면 사람들은 어딘가에서 분명 한계에 부딪히지 않을까?' 하는 것이었다.

바꾸어 말하면, '사람들이 자신의 가능성을 최대한으로 발휘할 수 있는 사회란 어떤 것일까?'라는 의문이 늘 마음속에 둥둥 떠다니고 있었다.

핀드혼에서 느낀 점

실제로 핀드혼을 방문해서 에코빌리지 트레이닝에 참가해보니 직감적으로 느꼈던 것들의 실체가 조금씩 보이기 시작했다. 핀드혼에서는 기본적으로 먹거리부터 시작해서 생활에 필요한 에너지까지 거의 모든 것이 자급자족으로 이루어지며, 운영 방식도 매우 민주적이었다.

나는 이전부터 '우리 삶 속에서 눈에 보이지 않는 의존이 무력감을 낳고, 그 무력감이야말로 사람의 본연의 능력을 발휘할 수 없게 만드는 가장 큰 요인'이라고 생각해왔다. 그래서 코칭을 통해 '스스로 생각하고, 스스로 움직이는' 일의 중요성을 강조해왔다. 그러나 핀드혼 사람들의 삶의 방식을 보면서 깨달았다. 먹거리와 에너지 등 사람이 살아가는데 꼭 필요한 것들을 부지불식중에 타인에게 의지해온 일들이 서서히 무력감을 낳고, 그 무력감이 사람들로부터 살아갈 힘을 뺏는 것이 아닐까?

그렇다면 어떻게 하면 그런 상태에서 탈피할 수 있을까? 한 달 체험만으로 그 해답까지는 얻을 수 없었다. 나는 그 이후로도 이 물음의 해답을 구하기 위한 고민을 계속하게 되었다.

'1000만분의 24'의 기적

에코빌리지 트레이닝에 다녀온 지 반년 정도 지난 2004년 가을 어느 날, 미국의 CTI에서 메일이 날아왔다. 메일을 열어보니 이번에 새로이 터키에서 CTI 프로그램을 진행하는데 첫 코스의 리딩을 맡아 달라는 내용이었다.

CTI재팬 경영에서 물러날 때 이미 CTI 코스 리딩은 더이상 하지 않게 되었다고 보고를 했는데도 한참 지난 지금 시점에 이런 메일이 온 것이 처음에는 조금 불쾌하기까지 했다.

그러나 이내 마음을 가라앉히고 터키에서 CTI 리딩을 하고 있을 모습을 천천히 떠올려보니 의외로 심장 박동이 뛰는 게 아닌가? 어떤 방식으로 할지 떠오르지는 않았지만, 일단은 해보기로 마음먹었다. 그랬더니 여기에서 또 믿기 힘든 싱크로가 일어났다.

사실 핀드혼의 에코빌리지 트레이닝에 함께 참가했던 사람 중에 친하게 지낸 터키인 여성이 있어서 이번에 터키를 방문하는 김에 한번 만나도 좋겠다 싶어 연락을 했다. 그런데 아쉽게도 그녀는 현재 터키를 떠나 다른 곳에 있다며 대신에 다른 친구를 소개해 주겠다고 했다. 이것도 인연이라는 생각에 소개받은 터키 친구와 현지에서 만나자는 내용으로 메일을 주고받았다. 그랬더니 세상에나, 그 친구가 내가 리딩을 할 예정인 CTI

코스를 신청했다는 것이 아닌가?

단 한 명 있는 터키인 친구가 어쩌다 소개해준 사람이 인구가 천 만명이 넘는 도시 이스탄불 안에서 정원이 단 24명인 프로그램에 참여할 확률이 과연 얼마나 될까? 이 놀라운 싱크로를 발견하는 순간 터키에 가기로 한 선택이 옳았다는 것과 거기에는 분명히 어떤 의미가 있을 것이라는 확신이 들었다.

유럽으로의 초청

터키에서 무사히 일을 마치고 일본으로 귀국할 날이 얼마 남지 않은 어느 날, 또 한 번 미국 CTI에서 메일 한 통이 날라왔다. 이번에 스페인에서 CTI 프로그램을 진행하게 되었는데 첫 코스를 맡기로 한 사람이 갑자기 할 수 없게 되었다며 대신해서 리딩을 맡아 달라는 내용이었다.

터키에서 일어난 싱크로를 통해 이미 무언가 흐름을 느끼고 있었던 터라 나는 흔쾌히 수락했다. 그리고 스페인에서 한창 프로그램을 리딩하며 지내던 어느 날 밤, 다음날 준비를 마치고 침대에 누워있는데 이런저런 생각으로 좀처럼 잠을 이루지 못했다.

그러다 갑자기 터키에서 스페인으로 연속해서 CTI 코스 리딩을 하면서 내 안에서 유럽에 대한 무어라 말로 표현하기 힘든 향수와도 같은 것이 싹트고 있다는 생각이 들었다. 어린 시절, 아버지 일 때문에 4년 정도 영국에 살았는데, 그때의 감각이 이번 두 차례의 유럽 방문을 통해 그리움이라는 느낌과 함께 선명하게 살아난 것이다.

조금 극단적인 표현이지만 '유럽이 나를 부르고 있다'는 느낌마저 들었다. 이때 문득 핀드혼으로 이주해야겠다는 생각이 머리를 스쳤다. 그렇게 하면 에코빌리지 트레이닝에서 미처 얻지 못했던 의문에 대한 해답을 구할 수 있을지도 모른다는 생각이 들었다.

생각이 여기까지 이르자 마음이 조급해졌다. 일본에 귀국하자마자 나는 아내에게 내 생각을 얘기했다.

다행히 아내도 핀드혼에 관심을 가지고 있던 터라 반대하지는 않았지만, 그때는 딸이 태어난 지 얼마 되지 않은 때이기도 하여 아내는 딸이 돌이 지날 때까지 기다려 달라고 말했다. 그리고 2009년 9월, 딸의 첫 생일날, 우리 가족은 핀드혼으로 이주했다.

이렇게 자신의 내면과 외부에서의 메시지에 이끌려온 결과로 핀드혼에 이주하기까지 이르렀으나, 이야기를 되짚어보면 이것은 하나의 의문에서 시작되었다.

'사람들이 자신의 가능성을 최대한으로 발휘할 수 있는 사회란 어떤 것일까?'

이 질문에 대한 해답을 끊임없이 구한 결과, 나는 인생을 크게 바꾸는 또 하나의 전환점을 맞이한 것이다.

올바른 해답을 찾기보다 올바른 질문을 가지는 것이 인생을 풍요롭게 한다

Key Message 5 에 대한 해설

'올바른 질문'이란 무엇인가?

여기서 '올바른 질문'이라는 표현을 굳이 사용하는 이유는 누가 봐도 의심의 여지가 없는 유일한 절대적인 질문이 있다는 의미가 아니라 우리 현대 사회에는 '올바른 답', 즉 정답을 요구하는 풍조가 지나치게 강한 것에 대한 일종의 안티테제(antithese: 특정한 긍정적 주장에 대응하는 특정한 부정적 주장-옮긴이)로 제시하고 싶었기 때문이다.

이 세상에는 어딘가에 반드시 정답이 있을 것이라는 사상이 강하게 뿌리내리고 있다는 것을 느낀다. 학교 교육도, 업무도, 어떻게 하면 정답을 빨리 찾아내느냐가 평가의 기준이 되는 구조이기 때문에 질문보다 해답을 중요시하는 것은 어쩔 수 없는 일일 수도 있다.

그러나 나는 '진정한 나를 살기' 위해서는 해답을 찾으려고 하기보다는 자신에게 의미가 있는 질문을 가지는 것이 더 중요하다고 생각한다. 그래서 이런 질문을 '올바른 질문'이라고 표현해 보았다. 당연한 말이겠지만, 자신에게 의미가 있는 질문이란 사람마다 각기 다르다. 어느 누구에게는 매우 의미가 있는 질문이 다른 어느 누구에게는 전혀 와 닿지 않는 경우도 종종 있다.

사람들은 살면서 많은 질문을 품고 살지만, 그중에서도 '올바른 질문'이라고 하는 것은 품고 있다가도 금방 사라져버리는 궁금증이 아니라 마음에 걸려 오래오래 남아있는 질문을 말한다. 예를 들어 내 경우는 이번 에피소드에서 소개한 '사람들이 자신의 가능성을 최대한으로 발휘할 수 있는 사회란 어떤 것일까?' 하는 것이 그런 질문이었고, 또 미국에 유학 갔을 때 품고 있던 '어떻게 하면 사람들이 활기차게 일을 할 수 있을까?'도 그런 질문이다.

물론 매 순간 이런 질문을 의식하며 생활하는 것은 아니지만, 사소한 순간에 마음속에서 반복적으로 되뇌는, 그런 질문이다. 그리고 뒤돌아보면 항상 이런 질문들이 내 인생을 움직여왔다. '올바른 질문'에는 이런 힘이 있는 것이다.

질문의 힘

내가 질문이 가지는 힘을 처음으로 인식하게 된 것은 미국 유학 시절 코칭을 배울 때였다. '코칭의 핵심은 질문'이라고 할 만큼 코칭에서는 질문을 중요하게 여긴다. 나도 코칭을 처음 배울 때는 상대에게 질문하는 법에 대해 철저한 훈련을 받았다.

코칭에서 던지는 질문은 상대방이 바로 대답할 수 있는 질문보다도 "당신이 정말로 하고 싶은 일은 무엇인가요?" 등과 같은 정답이 없는 질문들이다. 이런 질문을 던짐으로써 상대방이 외부에서 해답을 구하는 것이 아니라 자신의 내면에서 자신만의 해답을 찾아낼 수 있도록 이끌어주는 것이 코칭이다.

'그 사람이 필요한 해답은 모두 그 사람 안에 있다'

코칭에서 가장 기본적인 개념이다. 우리는 어릴 적부터 주입식 학교 교육을 통해 '질문에는 반드시 하나의 정답이 있고, 그것은 자신의 내면과는 별개이다'라고 배웠다. 따라서 '나는 어떻게 하고 싶은가?', '나는 어떤 삶을 살고 싶은가?' 등과 같이 자신의 내면에서 밖에 끌어낼 수 없는 답조차도 외부에서 정답을 찾으려고 했다.

그러나 코칭 속에서 질문을 받음으로써 자신의 내면에는 없다고 생각했던 해답이 발견될 때 그 해답을 발견한 기쁨뿐 아니라 그것을 스스로 찾아냈다고 하는 기쁨이 솟아나면서 엄청난 에너지를 얻는 체험을 하게 된다. 이것이 질문이 가지는 힘이다.

어떤 질문을 해야 할까?

다만, 질문에는 여러 종류가 있다. 그중에는 에너지를 얻기는커녕 오히려 힘을 빼앗기는 질문도 있다. 예를 들면, 자신이 원치 않은 상황이 발생했을 때 '내가 왜 이런 일을 당해야 하는 거지?'라고 하는 질문이 불쑥 튀어나오기 십상이다. 그러나 이런 질문은 하면 할수록 자신을 힘들게 할 뿐 좋은 점은 하나도 없다.

같은 상황이라도 이런 질문은 어떨까?

'이런 상황에서 내가 할 수 있는 일은 무엇일까?'

금방 해답이 떠오르지 않더라도 앞선 질문에 비해서 훨씬 자신에게 힘을 주는 임팩트가 있다는 것을 느낄 것이다. 이렇듯 같은 질문이라도 이왕이면 자신에게 힘을 주는 질문을 떠올리는 것이 중요하다.

그렇다면 어떻게 하면 자신에게 힘이 되는 질문을 할 수 있을까? 우리는 일상생활에서 많은 질문을 하며 산다. 그중에는 자신에게 힘이 되는 질문이 있는가 하면 그렇지 않은 질문도 있을 것이다. 자신에게 힘이 되는 질문을 하기 위해서는 우선 평소 자신이 어떤 질문을 하는지를 알아차릴 필요가 있다. 즉, '내가 방금 어떤 질문을 떠올렸지?' 하고 질문을 해보는 것이다.

그리고 만일 그 질문이 자신에게 힘이 되는 질문이 아니라면 '어떤 질문이면 나에게 더 힘이 생길까?' 하는 질문으로 바꾸어보자. 중요한 것은 자신이 무의식 속에서 하고 있는 질문을 알아차리는 것, 그리고 자신에게 힘이 되는 질문을 의식적으로 하는 것이다. 이미 눈치챈 독자도 있을 것이다. 그렇다. 이것은 앞장에서 서술한 '의미 부여' 프로세스와 기본적으로 같다. 이러한 프로세스를 거쳐 나오는 질문이 달라진다면, 거기에서 이끌어낼 수 있는 해답도 자연스럽게 바뀔 것이다.

질문과 함께 지내기

물론 자신에게 힘이 되는 질문이 나오더라도 금방 해답을 찾을 수 있다는 보장은 없다. 그 질문이 크면 클수록 해답을 찾기까지 시간이 걸릴 것이다. 특히나 현대 사회를 살아가는 우리는 정답을 외부에서 구할 뿐만 아니라 빨리 찾지 않으면 안 된다는 강박에 항상 시달리고 있기 때문에 '질문과 함께 지내기'가 좀처럼 되지 않는다.

좋은 질문은 씹으면 씹을수록 고소한 맛이 배어 나오는 마른 오징어와 같은 것이다. 몇 번 안 씹고 금방 단맛이 떨어지는 추잉 껌과 같은 질문은 결코 좋은 질문이 아니다. 좋은 질문은 와인에 비유할 수 있다. 어느 정도 시간을 들여 충분히 숙성되어야 나오는 깊은 맛과도 같은 해답을 나올 수 있게 하는 질문이 좋은 질문이다. 빨리 해답을 찾는 것에 강박을 느낄수록 좋은 질문을 하지 않게 된다. 설령 질문을 했다고 하더라도 해답을 쉽게 외부에서 찾거나 깊은 맛이 나오기를 기다리지 못하고 표면적인 해답에 만족해 버리기 쉽다. 이런 상황이 계속된다면 인생 자체가 싱거운 맛이 되지 않을까?

이렇게 되지 않기 위해서는 먼저 해답보다는 질문에 무게를 둘 필요가 있다. 그러나 해답을 극단적으로 중시하는 지금의 세상에는 질문의 가치가 사라지고 오히려 질문을 하는 것 자체가 나쁘다고 여기는 풍조가 번지고 있다. 그렇지 않다. 질문을 하는 것, 그리고 그 질문을 지속적으로 품고 있는 것에 참된 가치가 있다는 발상의 전환이 꼭 필요하다.

질문의 근원은 어디인가?

앞에서 '올바른 질문'은 사소한 순간에 마음속에서 반복적으로 되뇌게 되고, 그것이 인생을 움직이는 힘이 된다고 말했다. 그렇다면 그런 질문은 과연 어디에서 오는 것일까? 사실 이런 질문은 의식적으로 떠올리는 것이 아니라 어느 순간 자신이 마음속에서 되뇌고 있다는 것을 깨닫는 경우가 많다.

우리는 '문제의식'이라는 표현을 종종 사용한다. 같은 환경에서 같은 정보를 접하더라도 사람에 따라 품게 되는 문제의식은 천차만별이다. 가족이나 직장과 같은 주변에서 생기는 문제부터 정치, 경제, 환경과 관련된 사회적인 것까지 우리는 수많은 문제 속에 둘러싸여 생활하고 있다. 나는 오랜 시간 동안 '이 많은 문제 중에 어떤 문제에 의식이 향하는가를 결정하는 것은 무엇일까?' 하는 의문을 품었다. 이것은 문제뿐 아니라 사람들이 관심을 가지는 것 전부에 해당하기도 한다. 그런 관심이 애초에 어디에서 온 것인가를 더듬어 올라가 보면 결국은 이유 없는 세계, 즉 본인의 의사가 아닌 곳에서 나왔다고밖에 생각할 수 없다는 것이 내가 내린 결론이다.

제1장에서 '그 사람의 마음속에서 이유 없이 울리는 내면의 소리'라고 표현하며 그것이 '하늘이 내려준 선물'이라고 말한 바 있다. 그런 의미에서는 스스로 의식적으로 선택하지 않았는데도 자신의 마음속에서 울리는 질문은 어떤 의미에서는 내면의 소리라고 할 수 있을지도 모른다. 그리고 만일 그렇다면 사람은 질문을 가지고 태어난다고도 할 수 있을 것이다. 그렇게

생각하면 자신의 마음속에서 울리는 질문을 더욱 소중히 여기는 마음가짐이 필요하지 않을까?

질문은 진화한다

사람이 질문을 가지고 태어난다고 할지라도 어떤 특정한 질문을 평생 계속 지니고 산다고는 할 수 없다. 나의 경험으로 말하자면 질문은 그 사람의 성장과 함께 진화한다. 마치 롤플레잉 게임과도 같이 하나의 스테이지, 즉 하나의 질문을 클리어하면 다음 스테이지가 나오고, 새로운 질문이 던져지는 식이다. 또, 이 질문들은 완전히 다른 질문이 아니라 밑바탕에 흐르는 테마는 어딘가에서 서로 통하는 느낌이다.

내 경우로 말하면 인생에서 가장 오랫동안 품은 질문은 '사람은 왜 일을 하는가?', '사람들은 어떻게 하면 활기차게 일할 수 있을까?'였다. 이것은 내가 초등학교 저학년 때의 기억으로 회사를 다니던 아버지가 일에 대한 이야기만 나오면 항상 짜증을 내는 모습을 보면서 가지게 된 질문들이다. 이 질문들은 내가 성인이 되어서 회사에서 일하면서도 줄곧 품고 있다가 미국에 유학을 가서야 정면으로 바라보게 되었다. 그리고 거기에 대한 해답을 찾던 중에 '천직창조'라고 하는 나만의 독특한 콘셉트가 탄생했고, 동시에 이와 관련된 워크숍을 개발하게 된 것이다. 이 '천직창조' 콘셉트는《本当の仕事(진정한 일)》(일본능률협회 매니지먼트센터, 2014년) – 국내 출판본《진정한 나의 일을 찾아서》(매일경제 신문사,2022년) – 책에서 상세히 다루고

있으므로 관심 있는 독자는 읽어 보길 권한다.

그리고, 에피소드2에서 소개한 바와 같이 천직창조 세미나에 참가한 사람들이 실제로 스스로 천직을 창조할 수 있기까지의 프로세스를 어떻게 서포트할까를 찾던 와중에 코칭이라고 하는 교육을 만나게 되고, 또 그것이 계기가 되어 '사람이 어떻게 하면 자신의 가능성을 최대한으로 발휘할 수 있을까?'라는 질문이 수면 위로 떠올랐다. 수면 위로 떠올랐다고 표현한 것은 이 질문은 내가 회사에서 근무할 때부터 마음 깊은 속에 존재하고 있었던 느낌이 들기 때문이다. 이미 그때부터 내 마음속에 '활기차게 일을 하는 것'과 '자신의 가능성을 최대한으로 발휘하는 것'은 밀접하게 연결되어 있다고 느끼고 있었던 것은 아닐까 생각한다.

그리고 이번 에피소드에서 소개했듯이 코칭 사업을 시작하고, 그 일을 계속하면서 '사람들이 어떻게 하면 자신의 가능성을 최대한으로 발휘할 수 있을까?' 하는 질문이 이번에는 '사람들의 가능성이 최대한으로 발휘되는 사회는 어떤 사회일까?'와 같은 질문으로 진화했다. 그리고 그 질문이 결과적으로 나를 핀드혼으로 이끌었던 것이다.

질문이 생겼을 때

곰곰이 생각해보면 질문이 생겼을 때가 바로 인생에서 전환기를 맞이하는 때인 경우가 많았다는 느낌이 든다. 지금까지 소개한 에피소드로 말하면, 회사를 그만두고 유학을 간 때, 코치로 독립한 때, 창업을 한 때, 그 회사 경영에서 물러난 때, 그리고 온 가족이 스코틀랜드로 이주한 때. 이 모든 순간이 크나큰 결단을 내려야 하는 인생의 전환기였다.

전환기를 맞이했기 때문에 질문이 생겼는지, 아니면 질문이 생겼기 때문에 전환기를 맞이했는지는 알 수 없다. 그야말로 '닭이 먼저냐, 달걀이 먼저냐'의 문제로 사실 어느 쪽이 먼저인지는 그다지 중요하지 않다고 생각한다. 다만, 인생의 스테이지가 바뀔 때, 거기에는 반드시 질문이 있었다고 하는 점은 확실히 말할 수 있다.

이렇듯 질문에는 인생을 움직이는 힘이 있다. 마치 자동차를 움직이는 휘발유처럼 질문이 행동을 일으키는 '동력'이 되는 것이다. 또, 질문은 호기심을 불러일으키고 그와 관련된 정보에 대한 감도(感度)를 높여준다. 질문을 가질 때 이른바 '자력'이 생기기 시작하고, 필요한 정보와 경우에 따라서는 필요한 만남이나 사건을 끌어당긴다. 그리고 이런 동력과 자력이 좌우의 바퀴가 되어서 인생이라고 하는 스토리의 새로운 문을 활짝 열어주는 것이다.

큰 질문을 가지는 것을 두려워하지 않기

질문이 가지는 동력과 자력은 그 질문의 크기에 비례한다. 그렇기 때문에 더욱 금방 해답이 나오지 않는 큰 질문을 가지는 것에 두려움을 갖지 말아야 한다. 아메리칸 원주민의 속담에 '질문을 가진 부족은 살아남았고, 해답을 가진 부족은 멸망했다'는 말이 있다. 질문을 가지면 그때 필요한 정보를 얻을 수 있고, 필요한 행동을 일으킬 수 있다는 것을 의미한다.

한편, 해답을 가지고 있으면 자만심이 생겨 시시각각 변하는 상황에 대응하는 힘을 약화시킨다. 최근 리질리언스(resilience)라는 단어를 자주 접한다. 리질리언스란 변화에 유연하게 대응하는 힘이다. 질문을 가진다고 하는 것은 리질리언스를 높이는 일로도 이어진다고 할 수 있다. 글로벌화나 정보화로 정신 차릴 새도 없이 빠르게 변화하는 현대 사회에서는 꼭 필요한 능력이다.

질문을 갖지 않게 되었다는 것은 스스로가 익숙해진 영역 안에 편안히 안주한다는 뜻이며, 미지의 영역에 발을 들여놓지 않게 되는 것을 의미한다. 우리가 변화가 거의 없는 안정된 시대에 살고 있다면 이는 문제가 되지 않는다. 그러나 현대와 같이 변화의 속도가 엄청나게 빠른 시대에 이런 태도를 고수하는 것은 '자살행위'와도 같다고 할 수 있다. 지금 우리는 기후변화와 자원의 고갈, 테러의 증가와 난민 문제 등 지금까지 겪어보지 못한 위기에 직면해 있다. 만일 이러한 것들이 인류의 멸망을 초래한다면 그 원인은 우리가 마땅히 해야 할 질문을 하는 용기를 가지지 못한 것에 있지 않을까?

질문을 살기

지금까지 질문이 얼마나 중요한지를 살펴보았다. 인생의 축이 '해답을 중시하는 삶'에서 '질문을 중시하는 삶'으로 바뀌는 것은 말처럼 쉽지는 않을 것이다. 그러나 이게 가능해진다면 틀림없이 우리의 인생의 폭과 방향은 크게 달라질 것이다.

영어로 "Life is a mystery"라고 하는 표현이 있다. 곧바로 해답이 나오지 않는 깊고도 큰 질문을 가지는 것은 인생이라고 하는 미스터리에 마음의 문을 활짝 여는 것과도 같다. 인간은 언젠가는 죽는다고 하는 사실 외에는 어느 하나 확실한 것이 없는 것이 인생이다. 원래 인생 자체가 수수께끼인 셈이다. 그런데도 우리는 마치 이미 결정된 무엇이 있는 것처럼 혈안이 되어 해답을 찾고 있다.

나는 반문한다. 인생은 수수께끼로 넘친다는 사실에 등을 돌리고 사는 것이 과연 진정한 삶을 사는 것일까? '나는 누구인가?', '나는 무엇을 위해 사는가?' 등과 같이 자신에게 중요하면서도 바로 해답이 나오지 않는 질문을 지속적으로 가지고 사는 것, 이것이야말로 진정한 삶을 사는 것이라고 나는 생각한다. 이 사실을 가르쳐준 오스트리아의 시인 라이너 마리아 릴케가 남긴 시의 한 구절을 소개하며 이 장을 마무리하고자 한다.

"질문을 찾으세요. 해답을 찾는 것이 아니라 질문을 찾으세요. 그리고 질문을 살아보십시오. 질문을 살아간다면 언젠가 자신도 모르는 새 해답 안에서 살고 있는 자신을 발견해낼 것입니다."

자, 지금 당신은 어떤 질문을 하고 있는가? 그리고, 당신은 그 질문과 얼마만큼 같이 살 수 있는가?

Q1. 일상생활에서 문득문득 떠오르는 '질문'에 주의를 기울이고, 그것을
노트에 적어보세요.

Q2. 그 질문에 대해 '나는 어떻게 하고 있는가?'를 생각해보고, 내가 어떤 반응을 했는지 적어보세요.

6장

사람은 누구나 각자
목적을 가지고 태어난다

**Every single person is born
to this world for a certain purpose**

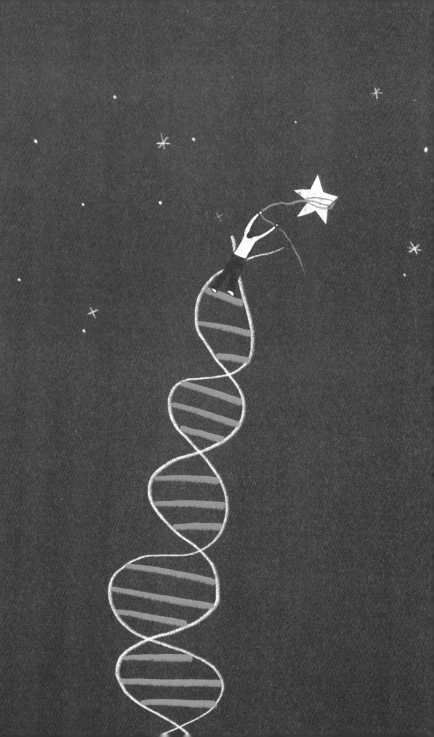

긴 겨울을 견디고 두 개의 시민운동과 만나다

힘들었던 핀드혼에서의 2년 반

핀드혼에서는 2년 반 정도를 지냈다. 솔직히 말해 나에게 이 2년 반은 결코 쉽지 않은 시간이었다. 무언가가 있을 것이라고 믿고, 아무런 연고도 없이 이주한 것인데 아무리 기다리고 기다려도 좀처럼 '이거다' 싶은 것이 나타나지 않았다.

물론 아무것도 하지 않고 팔짱 낀 채 기다리고만 있었던 것은 아니다. 조금이라도 마음의 추가 움직인다 싶은 일에는 무조건 뛰어들었다. '물에 빠진 사람 지푸라기라도 잡는다'는 심정으로 하루하루를 보냈다. 하늘에서 내려오는 거미줄이 끊어질까 두려워하며 기도하는 마음이었지만, 잡아당기면 끊어지고, 또 잡아당기면 끊어지는 상태가 반복되었다.

차라리 CTI 코칭을 만나기 전의 유학 시절과 같이 내가 하고 싶다고 생각한 것과 실제로 하고 있는 일이 완전히 일치하는 무어라 형용하기 힘든 성취감을 맛보기 전이었더라면 이렇게까지 힘들지는 않았을 것이다. 그러나 이미 그런 성취감을 한 번 경험한 상태에서 비슷한 느낌조차 없다는 사실은 받아들이기 힘들었다.

설마 이것으로 내 인생에서 주어진 역할은 모두 끝나고 하늘이 나를 '폐기처분'해버리는 것은 아닐까 하는 불안감에 시달렸다. 지금 생각하면 웃음이 나오지만 당시로서는 꽤 심각한 고민이었다. 핀드혼에 혼자 온 것이라면 그나마 다행이었겠지만, 이번에는 영어를 못하는 아내에다 이제 막 걸음마를 시작한 어린 딸까지 데리고 온 마당이었다. 가족들을 고생시키면서까지 왔는데 아무것도 찾지 못한다면 이들을 볼 낯이 없다는 초조함에 괴로움은 커져만 갔다.

체인지 더 드림과의 만남

아침이 오지 않는 밤은 없고, 봄이 오지 않는 겨울은 없다고 했던가? 다행히도 2007년 봄이 되면서부터 조금씩 상황이 달라지기 시작했다. 체인지 더 드림*을 만난 것도 바로 이즈음이었다.

어느 날 한 영국인 친구와의 전화 통화에서 "이번에 재미있는 프로그램이 있어 참가하기로 했다"는 얘기를 듣고 내용이 재미있을 것 같아서 나도 참가하기로 하였다. 그러나 막상 참가해보니 프로그램 취지에는 공감이 갔지만, 내용 면에서는 솔직히

체인지 더 드림 Change the dream 2005년에 미국의 비영리단체 파차마마 얼라이언스(Pachamama Alliance)가 개발한 프로그램명이자 그 프로그램을 중추로 한 시민운동의 총칭. '지구상의 모든 사람이 지속가능한 환경과 공정한 사회와 정신적으로 충실한 삶을 실현하는 것'을 목적으로 한다.

개선해야 할 부분이 많았다.

CTI를 통해 체험형 프로그램을 많이 경험해보았기에 세세한 부분을 포함해서 부족한 부분이 눈에 많이 들어왔다. 쓸데없는 참견이라는 생각이 들면서도 조금이라도 도움이 될까 하고 프로그램 종료 후 주최 측에 여러 가지를 피드백 했다.

그러자 피드백 내용이 너무 좋다고 하면서 "얼마 후에 열리는 퍼실리테이터(facilitator) 트레이닝에 이 프로그램을 만든 사람이 미국에서 오는데 괜찮다면 거기에 참가해서 당신의 의견을 직접 들려주지 않겠는가?" 하는 것이다.

도움을 주려다가 오히려 면박당하는 꼴이 되겠다는 생각도 들었지만, 말을 먼저 꺼낸 것은 이쪽이니 피하지 말자고 생각했다. 그로부터 한 달 후에 열린 퍼실리테이터 트레이닝에서 체인지 더 드림을 만든 두 사람을 만나게 되었고, 둘 다 인간적으로도 매우 깊이가 있고 멋진 사람들이었다. 덕분에 '취지는 좋으나 내용이 깊지 않다'고 생각한 체인지 더 드림에 대한 견해도 달라졌다. 그렇다고 해서 곧바로 '내가 해 봐야겠다'는 생각을 한 것은 아니다. 언젠가 일본으로 돌아가면 해보자는 정도로 마음속에 한동안 품고 있기로 했다.

트랜지션 타운과의 만남

또 하나, 퍼실리테이터 트레이닝에서 들은 단어가 계속 귓가에 맴돌았다. 그것은 트랜지션 타운*이라고 하는 영국에서 출발한 시민운동이었다.

어떤 부분이 그렇게 마음에 들었는지는 지금도 기억이 나지 않지만 계속 끌리는 마음이 남아있던 어느 날, 그해 11월에 런던에서 개최되는 컨퍼런스에 트랜지션 타운 창시자가 강연을 한다는 정보를 듣고 나도 참석하기로 했다. 그리고 실제로 그의 강연을 듣고 나서는 이것이야말로 내가 찾고 있던 것이라는 느낌이 들었다. 심장이 강하게 뛰기 시작했다.

이듬해 1월에 일본에 잠시 귀국했을 때 4년 정도 전에 퍼머컬처* 코스에서 만나 알고 지내던 세 친구와 우연히 만나는 기회가 생겼다. 트랜지션 타운은 퍼머컬처의 개념을 토대로 만든 것이기도 해서 그들에게 트랜지션 타운 이야기를 꺼냈다.

아니나 다를까 그들은 관심 있게 이야기를 들었고, 그해 3월에 핀드혼에서 개최되는 한 컨퍼런스에 트랜지션 타운 창시자가 와서 강연을 한다는 말을 전했더니 그 자리에서 컨퍼런스 시기에 맞추어 핀드혼으로 놀러 가겠다는 약속까지 했다.

약속대로 3월에 세 친구는 핀드혼을 방문하였고, 컨퍼런스에서는 연신 고개를 끄덕이며 강연을 들었다. 결국 우리는 6월에 내가 일본으로 귀국하면 곧바로 트랜지션 타운 운동을 일본에서 해보자며 의기투합하기에 이르렀다.

공통점은 '임파워먼트'

거의 같은 시기에 나에게 다가온 '체인지 더 드림'과 '트랜지션 타운'이라고 하는 이 두 개의 시민운동이 '사람들이 자신의 가능성을 최대한으로 발휘할 수 있는 사회란 어떤 것일까?'라

　비로소, 진정한 나를 살다

고 하는, 나를 핀드혼으로 이끌었던 질문에 대한 하나의 해답을 제시해주는 것임을 깨닫기까지는 그리 오랜 시간이 걸리지 않았다.

그리고 여기에 CTI에서 접했던 '코액티브 코칭'까지 포함해서 내 마음을 강하게 울렸던 이 세 개의 운동은 얼핏 전혀 관계가 없어 보이지만, 실은 '임파워먼트(empowerment)'라고 하는 키워드, 즉 '가능성을 최대한으로 발휘할 수 있도록 서포트하는 것'을 목적으로 한다는 점에서 공통점을 가지고 있다는 사실도 깨달았다.

코칭의 경우 임파워먼트를 하는 대상은 '개인'이고, 트랜지션 타운은 '지역', 체인지 더 드림은 '일반시민'으로 각각의 활동에서 대상이 다를 뿐 이들을 임파워먼트한다고 하는 목적은 모

트랜지션 타운 Transition Town   롭 홉킨스(Rob Hopkins)가 2006년에 영국 남부에 있는 토트네스(Totnes)라고 하는 마을에서 시작한 시민운동. 트랜지션(transition)이란 '이행(移行)'이라는 뜻으로, 석유를 비롯한 화석연료에 지나치게 의존하는 생활방식에서 벗어나 원래 그 지역에 있는 자원을 활용하여 '지속가능한 생활로의 이행'을 시민들의 자발적인 아이디어를 바탕으로 실현하는 것을 목적으로 한다.

퍼머컬처 Permaculture   호주의 빌 몰리슨(Bill Mollison)과 데이비드 홈그렌(David Holmgren)의 제안으로 영구적이고 지속가능한 환경을 만들기 위한 디자인 체계이다. 퍼머컬처라는 단어는 영어에서 '영구적인'을 뜻하는 permanent와 '농업'을 뜻하는 agriculture를 합해 만든 신조어이며, 동시에 '영구적인 문화' permanent culture를 뜻하기도 한다.

두 동일선상에 있는 것이다.

여기서 중요한 것은 이것들을 내가 순서에 맞추어 계획적으로 해온 것이 아니라 단순히 내면의 소리에 따라 움직인 결과, 나중에 뒤돌아보니 거기에는 하나의 곧고 큰 길이 나 있었다는 사실이다.

나는 사람은 누구나 어떠한 목적을 가지고 이 세상에 태어난다고 믿고 있다. 그것이 나에게는 '임파워먼트'와 큰 관련이 있다는 것을 느꼈다.

사람은 누구나 각자 목적을 가지고 태어난다

Key Message 6 에 대한 해설

인생의 목적이란 무엇인가?

'인생의 목적'이라고 말하면 왠지 '인생에서 도달해야 하는 도착점'이라는 인상을 가지는 사람이 많을 것이다. 예를 들어 누군가에게 '당신의 인생의 목적은 무엇입니까?'라고 묻는다면 '대통령이 되는 것' 혹은 '창업하는 것'이라고 대답하는 사람이 분명히 있을 것이다. 물론 틀린 답은 아니다. 다만, 내가 말하는 '인생의 목적'이란 어딘가에 도달하거나, 무엇인가를 달성하는 것이 아니라 항상 자신의 마음속에 있는 축과 같은 것이다.

그런 의미에서 인생의 목적이란 미래형이나 과거형 시제로 표현하는 것이 아니라 지금 이 순간 그것을 '살아가고 있는가, 그렇지 않은가', 혹은 그것에 '따르고 있는가, 그렇지 않은가'라고 현재형으로 말할 수 있는 것이어야 한다고 나는 생각한다. 이것은 과거에서 미래로 이어지는 시간 축 어딘가에 있는 '점'이 아니라 '선'이다. 그런 면에서는 '길'과도 같다. 그리고 그 길 위를 걷고 있을 때 우리는 '이것이 바로 진정한 나'라고 느낀다.

인생의 목적은 자신 안에 있는 것이므로 그것을 살아가고 있는지 아닌지는 결국 자신이 판단하는 것이다. 즉, '대통령'이나 '창업'과 같이 다른 사람이 보고 금방 이해할 만한 것이 아니다. 또, 인생의 목적을 살아가고 있는 사람은 축이 확실하기 때문에 좀처럼 흔들리지 않는다. 행여 흔들리더라도 금방 제자리를 잡는다. 따라서 만약 그런 사람을 만난다면 아마 그 사람은 인생의 목적을 살아가고 있을 가능성이 높으며, 그것은 주변에서도 금방 느낄 수 있을 것이다.

인생의 목적은 생각해 내는 것

이러한 인생의 목적은 '발견하는 것'이 아니라 '생각해 내는 것'이다. 과학적으로 증명된 바는 없지만, 우리는 이 세상에 태어날 때부터 목적을 가지고 태어난다고 나는 생각한다. 그러나 인생의 목적은 머리로 생각하는 것이 아니라 마음과 영혼, 혹은 몸속 세포로 느끼는 것이므로 여기에 따라 살아가고 있을 때에는 논리적으로 설명할 수는 없어도 직감적으로 느낄 수 있다. 따라서 이것은 마치 DNA처럼 처음부터 우리 안에 존재하는 것이라고 생각하는 것이 가장 자연스럽다.

DNA라는 표현에서 알 수 있듯이 인생의 목적은 사람마다 각기 다르다. 여기에 우월함이나 열등함은 없으며, 타인과 비교할 필요도 없다. 그리고 그 사람이 의식하고 있는지의 여부와 상관없이 누구에게나 있는 것이다. 생각나지 않는다고 해서 그 사람에게 인생의 목적이 없는 것은 아니며 설령 생각해 내지 못

하더라도 무의식중에 이미 그것을 살아가고 있는 일도 얼마든지 있다. 따라서 생각해 내는가 그렇지 못하는가를 생각하기에 앞서 누구나 각자의 인생의 목적을 가지고 이 세상에 태어났다는 것을 느끼는 것이 중요하다.

인생의 목적을 생각해 내는 것의 가장 큰 장점은 그것을 생각해 냄으로써 의식적으로 '진정한 나'를 살 수 있게 된다는 점이다. 즉, 인생의 목적은 자기다운 인생을 살아가기 위한 '나침반' 역할을 한다고 말할 수 있다. 그렇다고 인생의 목적이라는 것은 한번 생각해 내고 나면 그 이후로는 줄곧 그것을 살아갈 수 있을 만큼 단순하지는 않다. 이를 항상 의식하며, 이에 따르며 살기 위해서 나름대로의 노력과 용기, 그리고 인내심이 필요하다. 또, 인생의 목적은 많은 경우 어느 시점에 갑자기 한꺼번에 생각나는 것이 아니라 일생에 걸쳐 서서히 생각나는 것이다. 그런 의미에서 인생이란 자신의 인생의 목적을 생각해 내고, 그것을 살아가기 위한 여행이라고 말할 수 있다.

애당초 인생에 목적이란 존재하는가?

여기까지 읽었다면 이런 의문이 들 것이다. '애당초 인생에 목적이란 존재하는가?'하고 말이다. 앞서 말했듯이 '누구나 목적을 가지고 태어난다'는 것을 과학적으로 입증하는 것은 적어도 지금의 단계에서는 불가능하다. 따라서 이 의문에 대해서는 '있다'고 대답할 수도, '없다'고 대답할 수도 없다. 중요한 것은 '어느 쪽을 믿어야 당신이 힘이 나는가?'이다.

사람은 자신에게 타고난 목적이 있다고 생각하느냐 아니냐에 따라 인생에 대한 마음가짐과 자세가 크게 달라진다. 타고난 목적 같은 것은 없어도 조금 더 나은 삶을 살기 위해 열심히 살면 된다는 자세를 가지는 편이 오히려 더 힘이 난다고 하는 사람도 있을 수 있다. 이것도 틀린 말은 아니다. 사람은 무조건 목적이 있어야 한다고 강요할 생각은 없다. 그러나 나 자신은 '목적이 있다'고 생각했을 때 훨씬 더 풍요롭고 깊이 있는 삶을 살 수 있었던 경험을 했고, 비슷한 경험을 하고 있는 사람도 많이 봐왔기 때문에 '이런 관점도 있다'는 것을 제안할 뿐이다.

한편으로 '그런데 만약에 목적이 있다는 것은 알지만 그것을 생각해 내지 못하는 경우는 오히려 더 괴롭기만 한 것은 아닌가?'라는 의문이 들 수도 있다. 맞는 말이다. '인생의 목적을 생각해 내지 못하면 행복한 인생을 살 수 없다'고 생각한다면 분명히 괴로움만 따를 것이다. 그러나 인생의 목적을 생각해 내지 못하더라도 충분히 행복한 인생을 살 수 있기 때문에 인생의 목적이 필수 조건은 아니다. 다만, 그것이 있다면 조금 더 정신적으로 풍요롭고, 의미 있는 인생을 살 수 있다는 것은 확실하다.

어떻게 하면 인생의 목적을 생각해 낼 수 있을까?

그렇다면 자신이 어떠한 인생의 목적을 가지고 태어났는지를 어떻게 하면 생각해 낼 수 있을까? 여러 가지 방법이 있을 수 있지만, 내가 가장 추천하고 싶은 것은 내면의 소리에 따르는 것이다. 제1장에서 소개한 것처럼 내면의 소리는 이유가 없는 소리이자 자신의 내면에서 자연스럽게 끓어오르는 소리이다. 그리고 이것은 하늘이 주는 선물이기도 하다. 내가 무엇을 위해 태어났는지, 즉 자신 인생의 목적을 생각해 내기 위한 선물인 것이다.

내 경우를 소개하면 먼저 '유학하고 싶다'고 하는 내면에 소리에 귀를 기울이고 회사를 그만두고 미국으로 자비 유학을 떠났고, 거기서 코칭을 만났다. 그리고 '지금이야말로 다음 단계로 전진할 때'라고 하는 내면의 소리에 따라서 스코틀랜드로 이주했고, 거기서 체인지 더 드림과 트랜지션 타운과 만났다. 이것들은 결코 계획에 의한 것이 아니라 내면의 소리에 따르고 흐름을 탄 결과로 만난 것이다. 그리고 내가 만난 이러한 것들에 왜 이렇게까지 가슴 조이며 갈망했는지를 생각해보면 모두 '어떤 것을 임파워먼트하는 일'로 이어진다는 것을 깨달을 수 있었다. 내면의 소리가 나를 내 인생의 목적으로 이끌어준 것이다.

인생의 목적을 생각해 내기 위한 또 하나의 좋은 방법은 어떤 때에 자신의 마음이 움직이는가에 주의를 기울이는 일이다. 이것은 '두근거림'과 '기쁨', '감동'과 '희망' 등 긍정적인 것뿐 아니라 '슬픔'과 '두려움', '분노'와 '절망' 등과 같은 부정적인 것도 포함한다. 어느 쪽이든 거기에 그 사람에게 소중한 무언가가 있기 때문에 마음이 움직이는 것이다. 중요한 것이 채워지고 있을 때 마음은 긍정적인 방향으로 흔들리고, 채워지지 않을 때 마음은 부정적인 방향으로 흔들린다. 그리고 재미있는 사실은 어떤 때 어떻게 마음이 움직이는가는 사람마다 다르다는 것이다. 그리고 이것이야말로 내가 '사람들은 모두 각자의 고유한 목적을 가지고 태어난다'고 믿는 가장 큰 이유이기도 하다. 나는 '자신의 마음속에 끓어오르는 감정이 "네 인생의 목적은 이쪽이야"라고 하는 '표식(sign)'과 같은 역할을 해준다'고 생각한다.

가족도 선택한 것이다

이 밖에도 자신이 어떤 환경에서 태어나고 자랐는가를 관찰하는 것도 인생의 목적을 생각해내는 데 도움이 된다. 예를 들어 어떤 시대에 어떤 나라 혹은 어떤 지역에서 태어났는가 라든지 어떤 가정에서 태어나서 그 가족은 어떤 사회경제적 조건을 가지고 있는가, 혹은 어느 성별로 어떠한 신체적 특징을 가지고 태어났는가 등에 따라서 그 사람의 인생은 크게 영향을 받는다.

아마 대부분의 사람들이 이런 환경은 스스로 선택하는 것이 아니라 '어쩌다' 그런 환경에 태어나서 자랐다고 생각하기 때문에 비교적 윤택한 환경에서 태어난 사람들은 운이 좋고, 그렇지 않은 사람들은 운이 나쁘다고 생각할 것이다. 그러나 만약에 당신이 인생의 목적을 생각해 내고 그것을 살기 위하여 당신에게 어울리는 환경을 스스로 선택해서 태어난 것이라면 어떻겠는가?

나는 매우 엄격한 아버지 밑에서 어릴 때부터 '너는 이래야 해'라는 지시를 받으며 자랐다. 특히 진학이나 취업과 같은 인생의 중요한 선택에서조차 내게 자유는 없었다. 대학을 1년간 휴학하고 호주로 워킹홀리데이를 갈 때도, 회사에 취직할 때도,

그리고 그 회사를 관두고 미국으로 유학할 때도 아버지는 귀를 막고 반대부터 하셨다. 물론 지금 생각하면 아버지는 자신의 방식으로 사랑을 표현한 것이라고 이해가 가지만, 그 당시에는 참으로 힘들었다. 그러나 이런 아버지 밑에서 자랐기 때문에 '내 안에 답이 있다'고 하는 코칭의 사상을 만났을 때 더 크게 공감하고 그 후 코치로서 많은 희열도 느낄 수 있었다고 생각한다. 달리 표현하면 '다른 사람을 임파워먼트하는 일'이 내 인생의 목적이라는 것을 생각해 내기 위해 일부러 이런 아버지를 선택해서 태어난 것은 아닐까 하는 생각마저 든다.

인연은 '서로의 선택'

선택이라고 하는 개념은 일반적으로 스스로 선택할 수 있는 것이 아니라고 여기는 부모뿐만이 아니라 자신이 선택한 배우자와 그 사람과의 사이에서 태어난 자녀와의 관계에도 적용된다. 즉, 자신의 의지와 관계가 있는 것이 아니라 자신의 인생의 목적을 생각해 내고 그것을 살아가기 위해 도움을 주는 존재로서 배우자와 자녀가 자신의 인생에 나타났다고 생각하는 것이다.

지금은 중학생인 딸이 십여 년 전에 태어났을 때 내 마음속에는 큰 변화가 일어났다. 단순히 '부모가 되었다'는 자각뿐만이 아니라 이전까지 막연하게 생각하고 있던 미래라고 하는 시간이 갑자기 아주 현실적으로 느껴졌다. '이 아이가 미래에 어떤 세상에서 살아갈지에 대해 나에게 책임이 있다'고 생각한 것이 이후에 지속가능한 미래를 만드는 것을 목적으로 한 각종 시민운동에 참여하게 된 큰 계기가 되었다.

이렇게만 보면 아주 훌륭한 아버지처럼 보일지도 모르겠지만, 사실 일상 생활에서는 부족한 부분도 많다. 부모라는 역할은 나도 처음이라 모르는 일투성이다. 그러나 딸은 또 자기 나름대로 인생의 목적을 생각해 내고, 그것을 살기 위해 가장 적합한 환경으로 나와 내 아내를 선택해서 태어났다고 생각하면 아버지에 걸맞은 행세를 하고자 억지로 노력하는 것보다는 있는 그대로의 모습으로 사는 것이 딸에게도 가장 좋을 것이라고 스스로를 다독인다.

그리고 나를 부모로 선택해준 딸에게 내가 해줄 수 있는 가장 큰 일은 딸의 마음속에서 싹 트는 내면의 소리, 특히 자신이 하고 싶어 하는 일과 그 마음을 있는 힘껏 응원해주는 일이다. 어릴 때는 그런 마음이 비교적 겉으로 더 잘 드러나기 때문에 낌새가 보였을 때 어른의 논리로 틀에 가두는 것이 아니라 있는 그대로 존중해주는 것이 중요하다. 가령 자녀가 "가수가 되고 싶어요" 하고 말을 꺼낸다면 "가수는 아무나 하는 건 줄 아냐?"며 면박을 주는 것이 아니라 "우리 딸은 노래 부르는 것을 좋아하는구나"라고 반응해 주는 것이다.

이렇게 우리는 자신 인생의 목적을 생각해 내고, 그것을 살기 위한 최적의 환경으로 자신의 가족을 선택했다. 이와 동시에 가족 구성원들도 각자 인생의 목적을 생각해 내고, 그것을 살기 위하여 최적의 환경으로 존재한다. 따라서 이 관계는 일방적인 것이 아니라 상호보완적이다. 즉, 누구 하나의 선택이 아니라 '서로의 선택'인 것이다. 그리고 이런 관계는 가족뿐만이 아니라 인생에서 만나는 모든 사람들과의 사이에서도 존재한다. '옷 깃만 스쳐도 인연'이라는 말이 있듯이 어쩌면 우리는 태어나기 전부터 서로가 인생의 목적을 생각해 내기 위하여 최적의 타이밍에 만날 수 있도록 미리 약속해 둔 것이 아닐까 하는 느낌마저 든다.

'홈'으로 돌아가다

태어나기 전에 자신이 정한 인생의 목적을 생각해 내는 일은 마치 자신을 주인공으로 한 추리소설에서 수수께끼를 푸는 일과도 같으며, 이것 자체가 매우 재미있는 과정이다. 이 수수께끼를 풀기 위한 열쇠로 우리는 인생의 주요 요소요소에 다양한 사건들과 만남을 준비해 놓고, 또 특정 환경과 감정 변화의 수수께끼를 푸는 조건으로 자신에게 부여했다고 볼 수도 있을 것이다.

이런 생각을 할 때 나는 항상 머리에 떠오르는 것이 그림 형제의 동화《헨젤과 그레텔》이다. 동화 속에는 숲에 버려진 남매가 집으로 무사히 돌아가기 위해 밤에도 달빛이 반사되는 하얀 돌멩이를 떨어뜨리는 장면이 나온다. 여기서 '집'을 인생의 목적이라고 생각한다면, '하얀 돌멩이'는 인생의 목적을 생각해 낼 수 있도록 스스로 준비해 놓은 사건들과의 만남으로 해석할 수 있다. 이 돌을 하나하나 찾아가면서 결국에는 헨젤과 그레텔처럼 우리도 집, 즉 인생의 목적에 도달하는 것이다.

진정한 나를 사는 것은 자신 인생의 목적을 사는 것이며, 그 것은 자신의 '홈(home)'으로 돌아가는 것이기도 하다. 그러나 우리는 인생의 많은 시간을 홈이 아니라 '어웨이(away)' 한 상 태로 보내는 운명인 것 같다. 얼마만큼의 시간 동안 자신을 어 웨이 한 상태로 두는가는 사람에 따라 다르겠지만, 그중에는 '인생이란 이런 것이야'라고 처음부터 선을 그어 버리고 평생 그런 상태에 자신을 두는 사람도 있을 것이다. 또 한편으로 그 런 상태로 사는 것이 두려워 견디지 못하고 본래 자신이 있어야 할 홈을 찾아서 자기 탐구의 여행을 떠나는 사람도 있다. 그런 의미에서 이 책을 읽는 당신은 그야말로 그 여행의 한복판에 있 다고 할 수 있다.

그렇다면 왜 우리는 굳이 어웨이 한 상태로 자신을 두는 것 일까? 그것은 '진정한 나'가 아닌 것을 경험함으로써 비로소 '진 정한 나'란 누구인가를 깨달을 수 있기 때문이다. 이것은 다소 역설적이지만, 그런 의미에서 사람이 자신의 인생에서 느끼는 두려움이라는 감정은 매우 소중한 감각이라고 할 수 있다. 왜냐 하면 이것은 그 순간, 인생의 목적에서 떠나 있는, 어웨이 한 상 태라고 하는 것을 자신에게 알려주는 내면의 경보음과도 같은 역할을 하기 때문이다.

인생의 목적을 행동으로 표현하기

인생의 목적을 생각해 내는 것을 가만히 앉아서 생각하면 떠오르는 것으로 여기는 사람도 있을 것이다. 그러나 인생의 목적은 그렇게 해서는 생각해 낼 수 없다. 오히려 행동으로 표현해야만 생각해 낼 수 있다.

그렇다면 인생의 목적으로 행동으로 표현하는 것은 어떤 것일까? 예를 들어보자. 나는 '사람이나 커뮤니티를 임파워먼트함으로써 평화롭고 지속가능한 미래를 만든다'가 인생의 목표이고, 누군가를 코칭하거나 어느 지역에서 시민운동에 참여하는 것이 내 인생의 목적을 행동으로 표현하는 것이다. 더 가까이는 누군가에게 응원의 메시지를 메일로 보내거나 지속가능성을 테마로 하는 강연회에 참가하는 일도 여기에 해당된다.

이렇듯 인생의 목적에 부합한다고 여겨지는 행동을 실제로 해보면 그것이 자신의 마음을 움직이는지 아닌지를 금방 알 수 있다. 마음이 움직인다면 한동안은 그것을 자신의 인생의 목적이라고 의식 속에 붙들어 놓으면 되는 것이고, 마음이 움직이지 않는다면 마음이 움직일 만한 인생의 목적을 찾기 위한 노력을 더 하면 되는 것이다.

인생의 목적이란 수학 문제처럼 정답이 있는 것이 아니다. 아무리 마음이 움직인다고 하더라도 어차피 그것은 '가설'에 지나지 않는다. 그러나 기껏해야 '가설'이라고 이를 무시해서는 안 된다. 그리고 거기에 맞추어 행동을 해보는 '검증' 작업을 반드시 거쳐야 한다. 이 가설과 검증의 사이클을 돌리는 가운데 더 크게 마음을 움직이는 표현을 찾을 수 있고, 이와 동시에 앞장에서 말한 '질문'과 마찬가지로 인생의 목적도 진화한다는 것을 깨달을 수 있을 것이다.

인생의 목적을 말로 표현해 보기

"당신 인생의 목적은 무엇입니까?"라고 누군가 묻는다면 대답 하기 위하여 말로 표현할 것이다. 물론 인생의 목적을 말로 표현할 수는 있다. 그러나 궁극적으로 그 사람 인생의 목적을 가장 잘 표현해주는 것은 그 사람에게서만 나오는 특유의 에너지, 혹은 파동과 같은 것이 아닐까? 따라서, 말로만 인생의 목적을 표현하는 일은 어렵다고 느낄 수 있다. 경우에 따라서 그것은 그림이나 소리, 혹은 신체의 움직임으로 표현하는 것이 더와 닿을 수도 있다.

그렇다면, 인생의 목적을 말로 표현하는 것은 헛된 일일까? 그렇지는 않다. 백 퍼센트 만족할 만한 형태로 표현하지는 못하더라도 말로 표현함으로써 자신의 인생의 목적을 잊지 않고 늘 의식할 수 있다는 이점이 있다. 그런 의미에서는 꼭 정돈된 문장이 아니더라도 자신 스스로에게 '임파워먼트'할 수 있도록 키워드만이라도 생각하고 있으면 된다. 즉, 말로 표현하는 인생의 목적은 자신이 누구인가를 잊지 않기 위한 장치라고 생각하면 된다.

따라서 인생의 목적을 표현하기 위해서는 머릿속에서 생각만 하는 것이 아니라 그것을 소리 내어 말로 해 보자. 그렇게 하면 그 말이 자기에게만 있는 특유의 에너지와 파동으로 어느 정도 공진하는가를 쉽게 느낄 수 있을 것이다. 어떤 단어를 사용해서 어떤 표현을 했을 때에 자신의 마음과 몸이 더욱 반응하는가를 여러 가지로 시험해 보자. 마치 라디오 주파수를 찾기 위해 채널을 돌리면서 가장 깨끗한 소리가 나오는 주파수를 찾는 작업과 비슷하다고도 할 수 있다.

인생의 목적은 누구를 위한 것인가?

인생의 목적은 진정한 나를 살기 위한 근거이자 지침이다. 그러나 이는 결코 자신만을 위한 것은 아니다. 가령 누군가가 "내 인생의 목적은 행복해지는 것이야"라고 말한다고 해서 그것이 나쁜 것은 아니며, 출발점으로는 좋을 수도 있다. 다만, 그것만으로는 자기 완결이 되어버린다.

인간은 사회적 존재이며, 한자로도 '사람(人)의 사이(間)'라고 쓰듯이 우리는 많은 사람들과의 관계 속에서 살아가고 있다. 따라서 의미 있는 인생을 살고자 한다면 자신이 인생의 목적을 살 때 주변 사람들과 세상에 어떠한 영향을 끼치는지를 알 필요가 있다. 즉, 주변에 적극적으로 영향을 끼치는 힘이 수반되어야 한다. 그렇다고 자신을 희생하면서까지 주변 사람들과 세상을 위해 봉사를 하라는 말은 아니다. 자신이라고 하는 존재를 최대한 활용함으로써 주변 사람들과 세상에 최대한 좋은 영향을 끼치는 것을 말한다.

미국의 원주민들 중에는 '비전 퀘스트(vision quest)'라고 하는 풍습을 가진 부족이 있다. 이는 성인식을 치르는 과정에서 혼자 아무도 없는 숲속 깊이 들어가서 자신이 무엇을 위해 태어났고, 어떻게 주변 사람들과 세상에 기여할 수 있을까 하는 비전을 얻을 때까지 잠도 자지 않고 금식하는 의식이다. 여기서 말하는 비전이란 인생의 목적과도 같은 것이며, 미국 원주민의 세계에서는 이를 생각해 내는 것이 한 사람의 성인으로서 인정받기 위한 조건이다. 현대 사회에서 이것을 그대로 적용할 수는 없지만, 한 사람 한 사람이 자신의 인생의 목적을 생각해 내고, 그것을 사는 것이 나아가서는 세상을 위한 일이 된다고 하는 인식은 우리도 배울 점이라고 할 수 있겠다.

자, 그렇다면, 당신은 어떤 목적을 가지고 이 세상에 태어났는가? 그리고 그것은 주변 사람들과 세상에 어떤 영향을 가져다줄 수 있는가?

Q1. 이 장에서 소개된 '몸과 마음의 신호'를 느끼면서 '나는 어떤 목적을 가지고 이 세상에 태어났을까?'라고 스스로에게 질문해 보세요.

Q2. 이때 느낀 점이나 알아차린 점을 적어보세요.

7장

이유가 있어서 행동하는 것이 아니라 행동함으로써 이유를 깨닫는다

You don't need any reason to take actions.
Taking actions will eventually reveal the reason

아마존 원주민 방문과 회사 경영 복귀

후지노(藤野)를 거점으로 시작한 트랜지션 타운 운동

2008년 6월에 나는 일본으로 귀국해서 이전부터 인연이 있던 후지노(藤野)라고 하는 지역에 터를 잡았다. 후지노는 가나가와(神奈川)현 북서부에 있는 자연이 아름다운 인구 1만 명 정도의 작은 마을이다. 이곳에는 트랜지션 타운 퍼머컬처 코스를 밟은 친구 부부가 먼저 와서 살고 있었다. 이사를 하자마자 나는 곧바로 친구와 함께 트랜지션 활동 준비에 돌입했다.

제일 먼저 마을에서 영향력이 있는 사람들을 찾아다니며 트랜지션 타운에 대한 설명을 했다. 이사 온 지 얼마 되지도 않은 외지 사람이 생전 처음 듣는 트랜지션이라는 것을 소개한들 아무도 반겨줄 리 만무하다고 생각했기 때문이다.

다행히 걱정과는 달리 마을 사람들은 우리 이야기에 귀를 기울여주었고, 흥미로운 활동이라며 적극적으로 지지해주겠다고 했다.

이후로도 관심을 가져주는 마을 사람들을 대상으로 설명회를 열면서 준비한 결과, 약 반년 후인 2009년 2월에는 운영 위원회를 결성하고, 정식으로 '트랜지션 후지노'라는 명칭으로 시민단체를 만들 수 있었다.

이와 동시에 핀드혼까지 발걸음을 옮겨주었던 친구들과는 2009년 5월에 '트랜지션 재팬(Transition Japan)'이라고 하는 별도의 비영리단체(NPO 법인)를 설립해서 전국적으로 트랜지션 타운 운동을 확대시키는 활동도 시작했다.

체인지 더 드림을 향한 도움의 손길

한편으로 체인지 더 드림 활동은 두 번 정도 시험 삼아 실행해보았는데, 가장 큰 문제는 프로그램에 사용하는 2시간짜리 영상이 모두 영어로 되어 있어 일본인들의 마음을 강하게 울리는 자극을 주지 못한다는 것이었다. 그렇다고 일본어 자막을 넣기에는 시간도 비용도 엄두가 나지 않았다.

그러던 중 2008년 11월에 캐나다 몬트리올에서 열린 코칭 국제학술대회에 참가하여 체인지 더 드림을 소개하는 기회를 가지게 되었다. 이백 명이 넘는 대규모 행사였다. 프로그램이 끝나자 일본인 참가자 몇 명이 나를 찾아와서 이것을 일본에서도 해보는 것은 어떠냐고 제안하는 것이 아닌가? 나는 반가워하며, 이미 일본에서 시작하기는 했으나 일본어 자막 문제로 고전하고 있다고 말하자 "우리가 도울 테니 일본에서도 꼭 해보자"며 적극적인 지지를 표명해주었다. 생각지도 못한 기회로 일에 속도가 붙기 시작했다.

많은 사람들의 도움을 받아 이듬해 4월에는 일본어 자막이 있는 영상이 완성되었고, 5월에는 일본에서 처음으로 퍼실리테이터 트레이닝을 실시하고, 체인지 더 드림을 진행할 수 있는 퍼실리테이터를 스무 명 넘게 양성하는 단계에까지 이르렀다. 이것을 계기로 '세븐 제너레이션(Seven Generation)'이라고 하는 NPO 비영리 임의단체를 2011년 3월에 설립하여 트랜지션 타운 활동과 함께 본격적인 활동을 하기 시작했다.

갑자기 머리를 스친 생각

이렇게 일본에서 체인지 더 드림과 트랜지션 타운 활동에 매진하던 2010년 3월, 체인지 더 드림 활동의 일환으로 남미 아마존 열대우림 지역에 사는 원주민을 만나러 가는 투어를 기획했다. 목적지는 에콰도르였다. 가는 도중에 샌프란시스코에 들러 오래간만에 CTI 창설자를 만나 이야기를 나누는 기회를 가졌다. 2003년 말에 CTI재팬 대표를 사임한 이후 경영에서는 물러났지만, CTI 본부와 커뮤니케이션을 하는 역할로 고문직을 맡고 있었던 터라 겸사겸사 들른 것이었다.

창설자에게 올해 4월에 실시할 예정이었던 프로그램을 인원 부족으로 취소했다는 보고를 했다. 그러자 온화한 성품인 그가 돌연 얼굴을 붉히며 화를 내는 것이 아닌가?

"당신들의 의식이 CTI 사상과 멀어진 것이 아닌가요?"

그렇다. 아주 틀린 말이 아니었다. 실제로 몇 년 전부터 일본 CTI는 사업의 다각화라는 목표 아래 다양한 프로그램을 도입하면서 그쪽으로 많은 인력을 투입하다 보니 CTI 본연의 활동에는 일손이 부족한 상태였다.

나는 그날 밤 또다시 잠을 이루지 못했다. 그리고 대표직을 사임한 이후 단 한 번도 가지지 않았던 생각이 머릿속을 스쳐 갔다. 'CTI재팬으로 경영 복귀를 해야 하는 것 아닐까?'. 그러나 이때까지만 해도 이것이 진정한 '내면의 소리'인지 자신이 없었 다. 생각지 못한 창업자의 호통에 밀려든 책임감으로 일시적으 로 떠오른 생각이 아닐까 하는 의문도 있었다. 그리고 이 의문 을 해결하지 못한 채 에콰도르 투어 일정에 참가했다.

성스러운 물

2주일간의 여정 중 하이라이트는 아마존 열대우림 깊숙한 곳에 사는 아추아(Achuar) 부족을 방문하는 것이었다. 이곳에 서 허락을 받으면 아추아 부족의 전통 의식에 참여할 기회가 주 어진다. 이 의식에서 열대림의 어떤 식물에서 추출한 '성스러운 물'의 힘을 주술사를 통해 빌리면 그 물을 마신 사람은 자신의 미래 비전을 볼 수 있다고 한다.

의식이 거행되는 날이 되었다. 주술사들은 정성스럽게 준비 하고 해가 지기를 기다렸다. 주위가 어두워지자 의식에 참여한 한 명 한 명에게 주술사들이 성스러운 물을 나누어 주었다. 나 도 조심스레 받아서 마셨다. 마음을 가다듬고 차분히 기다렸지 만 아무런 변화가 없었다. 두 번째 물을 다시 받아 마셨다. 그래 도 역시나 아무런 변화를 느끼지 못했다.

이튿날은 성스러운 물을 마신 사람들이 각자의 체험을 이야 기하면 주술사가 그것이 의미하는 바를 해석해주는 날이다. 나는 두 잔을 마셨지만 아무것도 느끼지 못했다고 솔직하게 고백했다. 그러자 주술사는 "이 물에는 긍정의 에너지가 있습니다. 물이 가진 긍정의 에너지가 이것을 마신 사람의 부정의 에너지와 부딪힐 때 그 부정의 에너지를 극복하기 위해 필요한 비전을 보여줍니다. 따라서 두 잔을 마셔도 아무 일도 일어나지 않았다고 하는 것은 당신에게는 지금 부정의 에너지가 전혀 없다는 것을 뜻합니다."라고 말해주었다.

이 말을 듣고 가장 먼저 떠오른 생각은 'CTI재팬으로의 복귀'였다. 그리고 이것이 진정한 내면의 소리라는 확신이 들기 시작했다. 왜 복귀해야 하는지에 대한 이유는 떠오르지 않았지만, 나는 일단 이 소리에 따르기로 결심했다. 이 순간 나에게는 '왜 복귀해야 하는가?' 보다는 이 소리가 진정한 내면의 소리인지 아닌지를 확인하는 것이 더 중요했다. 왜냐하면 이 소리가 진정한 내면의 소리라면 이것을 따르는 과정에서 이유는 결국 알게 될 것이라는 믿음이 있었기 때문이다.

다만, 내가 CTI재팬으로 돌아가기 위해서는 작지 않은 각오를 해야만 했다. 이것은 지금까지 심혈을 기울여온 두 시민운동에서 손을 뗀다는 것을 의미했기 때문이다. CTI재팬을 처음 설립할 때와 마찬가지로 이것 또한 결코 쉬운 일이 아니라는 것을 누구보다도 잘 알고 있었다.

다행히 이번에도 주변에서 흔쾌히 내 결정을 존중해주었고, 일본으로 귀국한 후 한 달 정도의 기간동안 바삐 인수인계를 받고 5월 연휴가 끝나자마자 바로 CEO로서 CTI재팬 경영에 복귀했다. 지금까지 수많은 큰 변화들을 겪어왔지만, 이번만큼 급격한 변화는 없었다.

이유가 있어서 행동하는 것이 아니라
행동함으로써 이유를 깨닫는다

Key Message 7 에 대한 해설

행동하기에 앞서 이유부터 찾는 것은 왜일까?

우리가 어떤 일을 하려고 할 때 왕왕 주변에서 그 일에 대한 정당성을 묻는 일을 경험한다. 특히 사람들이 잘 하지 않는 일이거나 일반 상식과는 다른 일을 하려고 할 때는 더욱 그렇다. 큰마음 먹고 어떤 일을 하려고 할 때 부모 형제나 지인, 직장 동료나 상사에게서 이런 말은 꼭 한 번씩은 들어보았을 것이다.

"그런 일을 왜 하는 거야?" 혹은 "그거 해서 뭐하게?"

말하는 쪽은 별 생각 없이 툭 내던진 말일 지도 모른다. 듣는 쪽도 특별한 의미를 두지 않고 대답할 수도 있다. 그러나 이런 일이 반복되다 보면 어느새인가 '행동하기 위해서는 명확한 이유가 필요하구나' 혹은 '명확한 이유가 없으면 행동해서는 안되는구나'라고 생각하게 된다. 이런 사고에 익숙해지면 다음 행동을 하려고 할 때 주변에 어떻게 설명할지 고민하면서 주저하는 자신을 발견하게 될 것이다.

내가 이것을 가장 처음 느낀 것은 이십 대 때 근무하던 회사의 해외 유학제도를 이용해서 미국에 가려고 했던 때였다(에피소드1 참조). 몇 번이나 떨어지면서도 또다시 도전하는 나에게 회사 임원들은 항상 이렇게 물었다.

"자네가 유학가려는 이유는 뭔가?"

회사 비용으로 보내는 유학인 만큼 확인 작업은 당연히 필요할 것이다. 나는 나름대로 열심히 이유를 설명했지만, 매번 돌아오는 대답은 "자네가 미국에 가고 싶어 하는 마음은 알겠지만, 왜 가려고 하는지가 명확하지 않다"였다. 인정하기 싫지만, 그들의 지적은 옳았다. 유학을 가고자 하는 나의 마음에는 거짓이 없었지만, '왜?'라고 하는 질문에는 스스로도 대답하지 못했다. 그리고 결국 회사를 그만두고 자비로 유학을 간다고 했을 때 주변으로부터 "남을 설득하지도 못하면서 이렇게 리스크를 안는 것은 너무 위험하니 다시 생각해봐라"는 말을 들었다.

행동은 머리로 하는 것이 아니라 마음으로 하는 것

그렇다면, 행동에 왜 이유가 필요한 것일까? 이유가 없는 행동이 잘 될 리 없다고 하는 절대적인 근거라도 있는 것일까? 반대로, 이유가 있으면 잘 된다는 보장은 어디에 있는가? 제3장에서도 말했듯이 미래의 일은 아무도 알지 못한다. 결국 잘 될지 못 될지는 행동해보지 않으면 알 수 없는 것이다. 이 알 수 없는 일에 이유를 갖다 붙이는 것이 과연 무슨 의미가 있을까?

한자로 이유(理由)나 이치(理致)라고 단어에는 '리(理)' 자가 붙는다. 리(理)는 이성(理性)에서 온 말이며, '머리'를 나타내는 단어이다. 그리고 이것은 과거의 경험에 기반을 둔다. 한편, 행동은 미래를 향해서 취하는 것이며, 여기에는 의욕(意欲)이나 의지(意地)에 붙는 '의(意)' 자가 따라온다. 그리고 이것은 '마음(心)' 혹은 '혼(魂)'을 나타내는 단어이다. 미래를 개척하는 것은 '의(意)'이지 '리(理)'가 아니다. 바꾸어 말하면, 행동은 마음으로 하는 것이지 머리로 하는 것이 아니라는 뜻이다. 이유가 있는 편이 왠지 모르게 잘 될 것 같은 느낌이 들고 자기 자신과 주위 사람을 안심시킬 수 있을지는 모르겠지만, 이것은 가짜 안심이지 진짜가 아니다.

중요한 것은 행동을 할 때 거기에 '의(意)'가 있는지 없는지의 여부이다. 즉, '하고 싶다'고 하는 의욕과 '해 보겠다'라고 하는 의지를 가지는 것이 '이걸 왜 하는가?'라며 이유를 찾는 것보다 훨씬 중요하다. 그 의욕과 의지야말로 행동에 힘을 불어넣어 주며, 의욕과 의지가 있는 것이 명확한 이유가 있는 것보다 훨씬 더 잘 될 가능성을 높여준다. 당신은 어떻게 생각하는가?

이유가 없는 것이야말로 진정한 것

이유가 있다고 하는 것은 '이해타산'이 존재하는 것을 의미한다. 즉, 거기에는 '이렇게 하면 이렇게 된다'고 하는 기대감이 반드시 있다. 행동에는 시간과 에너지, 경우에 따라서 돈이 들기도 하는 리스크가 따른다. 행동을 했다고 하더라도 기대만큼 좋은 결과가 나오리라는 보장은 당연히 없다. 이때 비용 투자와 리스크 감수에 걸맞은 보상이 없을 것 같다고 해서 행동조차 하지 않는 것은 단순히 이해타산을 계산해본 것 외에는 아무 의미가 없다. 일반적으로 사람들은 행동할 때 장단점을 따져서 할지 말지를 정한다. 그것이 당연하고, 또 필요하다고 생각할지는 모르겠다. 그러나, 과연 정말로 그럴까?

반대로 어떤 일을 할 때 잘 된다는 보장이 없는데도 그냥 하고 싶으니까 할 때가 있다. 여기에는 아무런 이해타산도 기대도 없다. 이것은 행동의 결과가 아니라 행동 그 자체에 의미를 두는 것이다. 나는 이러한 '이유 없는 행동'이야말로 '순수'한 행동이며, 이것이 '진짜'라고 생각한다.

앞서 '이유는 머리를 나타내는 단어이며, 과거의 경험에 기반을 둔다'고 말한 것을 달리 표현하면, '순수하게 그 사람의 마음속에서 우러나온 것은 이유라고 말하지 않는다'라는 뜻도 된다. 제1장에서도 말한 바와 같이 '진정한 나'란 무엇인가를 생각할 때 그 힌트는 누군가가 가르쳐주는 것도 아니요, 주변 사람들이 모두 하고 있기 때문에도 아니라 왠지 모르게 마음속에서 자연스럽게 우러나오는 '이유 없는 것'에서 찾을 수 있다고 나는 믿고 있다. 이를 위해서 마음껏 '이유 없는 행동'을 해보자.

이유는 나중에 따라온다

나는 이렇게 마음을 따라서 '이유가 없는' 행동을 하고, 나중에 뒤돌아보았을 때 '아! 그때 그 행동이 이런 의미를 가지는구나'하고 깨닫게 되는 일을 여러 번 경험했다. 예를 들어 '지금이야말로 전진할 때다'라는 내면의 소리를 따라 2003년 말에 CTI 재팬의 경영에서 손을 뗐을 때만 하더라도 처음에는 앞이 전혀 보이지 않는 불안으로 가득 차 있었다. 그러나 그 후 스코틀랜드로 이주했고, 그 결과 체인지 더 드림과 트랜지션 타운이라고 하는 시민운동을 만날 수 있었다. 그리고 이것들을 일본으로 가지고 온 후에야 '아아, 이것 때문에 내가 CTI재팬을 떠난 거였구나!'라는 깨달음을 얻을 수 있었다.

여기까지 듣고 혹시 이렇게 생각하는 사람이 있을지도 모르겠다. '어쩌다 우연히 된 일을 결과론적으로 끼워 맞추는 것이 아닌가?' 하고 말이다. 그렇다. 그럴 수도 있다. 제4장에서 말한 것처럼 인간은 어떤 일에나 의미를 부여하는 재주가 있어서 어떤 결론이 나더라도 그에 합당한 이유를 갖다 붙일 수 있다. 그러나 여기서 중요한 것은 결과론이냐 아니냐가 아니다. 처음부터 이유가 있는 경우와 나중에 이유를 붙인 경우 중 어느 것이 중요한가는 자신의 인생에 미친 영향이 어떻게 달라졌는가로 판단해야 한다.

이것은 다른 말로 표현하면, 먼저 줄거리를 써넣고 그대로 행동하는 것과 줄거리를 쓰지 않고 마음 가는 대로 행동했다가 나중에 의미를 부여하는 것의 차이라고 할 수 있다. 전자가 일반적인 접근 방식이지만, 흔히 '인생은 줄거리가 없는 드라마'라고 말하는 것처럼 나는 후자 쪽이 더 자연스러운 접근 방식이라고 생각한다. 전자의 경우는 짜여진 줄거리대로 가고 있는지에 초점을 맞추게 되기 때문에 줄거리와 상관없을 것 같은 정보나 일은 '낭비'로 보이고, 방해가 될 것 같은 정보나 일은 '장애물'로 여겨지기 때문에 다 잘라내기 십상이다. 그러나 후자의 경우는 애당초 줄거리 자체가 없기 때문에 모든 정보나 사건들이 모두 이야기의 재료가 될 수 있다고 여기므로 무슨 일에나 호기심을 가지고 열린 마음으로 받아들인다. 과연 어느 쪽이 인생에 더 많은 가능성을 열어줄까? 정답은 각자가 판단할 일이다.

기대와 신뢰

이와 관련해서 '기대'에 관한 이야기를 조금 해보고자 한다. 그도 그럴 것이 먼저 줄거리를 써넣고 그대로 행동하는 방법은 종종 내가 '기대의 함정'이라고 표현하는 것에 빠지기 쉽다. 앞에서 설명했듯이 사람은 어떤 행동을 할 때 '이렇게 하면 이렇게 된다'고 하는 기대를 한다. 즉, 어떤 타이밍에 어떤 일이 발생할 것을 바라고, 반대로 그 일이 발생하지 않으면 낙담하거나 불만을 품는다. 나는 이것을 '기대의 함정'이라고 부른다. 그러나 '기대(期待)'라고 하는 한자는 '시기(期)를 기다리다(待)'는 뜻이다. 이것은 단순히 시기(期), 즉 타이밍을 기다린다는 것을 의미하는 것으로 언제, 어떤 일이 일어날 것인가는 중요하지 않다.

나도 이 '기대의 함정'에 빠진 적이 있었다. 에피소드6에서 소개한 것처럼 2005년 가을부터 2008년 봄까지 약 2년 반 동안 스코틀랜드 핀드혼 에코빌리지에서 가족과 함께 살던 때였다. 이 시기는 지금까지 내 인생 중 특히나 힘든 시간이었다. 순풍에 돛 단 배처럼 잘 성장하고 있는 회사 경영에서 손을 떼고 영어에 익숙하지도 않은 아내와 젖먹이 딸을 데리고 아무 연고도 없는 이국땅 시골 마을까지 왔건만, 아무리 기다리고 기다려도 앞이 보이지 않는 생활이 계속되자 나는 초조함과 불안감에 견딜 수가 없었다. 반대로 말하면 '이렇게까지 희생을 감수하고 왔으니 내 인생에 특별한 무언가가 곧 나타나겠지'하는 기대가 내 마음속에 있었던 것이다.

어느 날 나는 고뇌에 빠진 채 정처 없이 걷다가 마을 안에 몇 군데 있는 명상의 방 중 한 곳에 무심코 들어갔다. 방 안에는 타로 카드와 비슷한 엔젤 카드가 놓여 있었다. 엔젤 카드는 카드를 뽑는 사람에게 지금 가장 필요한 요소를 짧은 단어로 표현해 놓은 것이다. 나는 백 장이 넘는 카드 중 한 장을 뽑아 보았다.

'순종'

내가 뽑은 카드에 적힌 단어였다. 다른 카드에는 '자유', '사랑', '창의성' 등과 같이 딱 봐도 긍정적인 단어들이 적혀 있는데 반해 내가 뽑은 단어인 '순종'은 긍정보다는 부정에 가까운 뉘앙스라 조금 당황스러웠다. 이건 대체 무슨 의미인가 하고 옆에 놓인 카드 해설집을 펼쳐보았다. 거기에는 이런 말이 적혀 있었다.

'당신은 지금 신에게 무언가 기대하고 있군요. 신에게는 신만의 계획이 있습니다. 당신은 그것을 믿고 신이 보여주는 것에 순종하기만 하면 됩니다'

가슴이 철렁했다. 정곡을 찔린 느낌이었다. 기다리고 있으면 신이 내게 어떤 특별한 것을 줄 것이라 기대하고 있던 뻔뻔함과 오만함이 부끄러웠다. 이와 동시에 찾고 있던 것이 왜 보이지 않았는지 이유를 깨달았다. 눈이 번쩍 뜨이는 것과 같은 느낌이 들었다. 그날 이후 나는 신에 대한 기대를 내려놓고 언젠가 발견할 날이 오리라는 것을 믿고, 시기(期)를 기다리기(待)로 했다. 그리고 얼마 안 가 체인지 더 드림을 만나게 되었고, 이어서 트랜지션 타운과도 만날 수 있었다.

무언가를 기대하고 행동하면, '혹시 잘 안되기라도 하면 어떡하지?' 하는 불안과 두려움에 휩싸이게 된다. 그러나 '분명 어떻게든 잘 될 거야' 하고 생각하는 것은 특정 타이밍에 특정 결과를 손에 넣는 것에 대한 집착을 버리는 '신뢰'의 마음가짐이자 방법이다. 이것은 제3장에서 소개한 '래디컬 트러스트' 인생관과도 연결된다. 즉, '이 우주가 나의 적이 아니라 아군'이라고 받아들인다면 특정 결과를 기대할 필요가 없어지고, 어떤 일이 벌어져도 괜찮다는 신뢰감이 생긴다.

기대하지 말고 행동하라

'신뢰한다'는 것은 아무것도 하지 않고 수동적으로 기다리기만 하는 것과는 다르다. 기대는 하지 않지만, 행동은 하는 것이다. 이렇게 말하면 '그게 무슨 말인가?' 하고 의문을 가질 수 있을 것이다. 그러나 이 유명한 속담을 들으면 무슨 말인지 무릎을 탁 칠 것이다.

'진인사대천명(盡人事待天命)'

이는 '인간으로서 해야 할 일을 다 하고 나서 하늘의 명을 기다린다'는 뜻으로 내가 오래전부터 좋아하는 속담이자 좌우명이기도 하다.

여기서 '진인사(盡人事)'는 '할 수 있는 최선을 다하다'는 것을 말하며, '대천명(待天命)'은 '어떤 결과가 나오든 그것이 자기에게 가장 좋은 것이라고 믿는 것'을 뜻한다. 이런 수동형이 아닌 적극적인 태도가 바로 '신뢰한다'는 것이다.

사람이 어떠한 상황에서도 흔들리지 않고 신뢰하는 태도를 가진다면, 행동에 나섰을 때 나타나는 방해 요소, 특히 심리적인 요인의 대부분은 거의 쉽게 없앨 수 있다. 반대로 말하면, 사람이 행동을 하지 않는 이유는 결국 이 기대와 신뢰라고 하는 문제에서 찾아야 한다. 다음에서는 많은 사람들이 빠지기 쉬운 함정과 그 함정을 빠져나오는 방법을 몇 가지 소개하도록 하겠다.

'기대의 함정'에서 탈출하기

나는 지난 오랜 세월 동안 사람들이 행동을 통해 미래 목표를 달성하도록 돕는 일을 코칭이라는 형태로 경험해 왔다. 이 경험을 통해 어떤 것이 행동에 방해가 되는지에 대해서 많은 학습을 해왔다. 그러는 가운데 많은 사람들이 여러 가지 형태의 '기대의 함정'에 빠져서 아무것도 하지 못하는 경우를 수없이 봐 왔다.

그중 가장 높은 비율로 나타나는 함정이 '실패하면 어떡하지?'이다. 말할 필요도 없이 누구에게나 실패를 두려워하는 마음이 있으며, 성공하고자 하는 욕구는 인간으로서 극히 자연스러운 마음이다. 그러나 이 '성공하고 싶다'는 마음은 그야말로 '기대'이며, 그 뒤에는 '혹시라도 이게 잘 안되면 어떡하지?'하는 두려움과 불안감이 공존한다. 따라서 실패에 대한 두려움 때문에 행동으로 옮기는 것을 꺼리는 사실은 기대와 깊은 관계가 있다는 뜻이다. 성공에 대한 기대가 없다면, 실패에 대한 두려움도 없다.

또 한 가지, 행동하는 것을 방해하는 함정으로 '다른 사람들이 어떻게 생각할까?'가 있다. 이것도 '좋게 보이고 싶다'고 하는 기대 뒤편에 '만일 안 좋게 보이면 어떡하지?'라고 하는 두려움과 불안감 때문이며, 이것 또한 좋게 보이고자 하는 기대와 깊은 관계가 있다. 게다가 이 경우는 다른 사람들의 기대도 함께 따라오기 때문에 더욱 질이 나쁜 함정이라고 할 수 있다. 물론 다른 사람들에게 좋게 보이고 싶은 마음은 사람으로서 자연스러운 마음이지만, 타인의 기대에 부응하면 할수록 점점 더 기대가 얽혀서 아무것도 할 수 없게 된다.

이러한 기대의 함정에 손발이 묶이지 않도록 하기 위해서는 먼저 이러한 기대를 품고 있다는 것을 스스로 자각할 필요가 있다. 그리고 곧바로 이것을 부정하는 것이 아니라 이러한 기대를 품는 것은 지극히 자연스러운 일이라고 인정하자. 이와 동시에 그 기대가 가지고 올 수 있는 리스크도 똑바로 바라볼 줄 알아야 한다. 즉, 그 기대는 반드시 충족되지 않을 수도 있다는 사실, 그리고 그럴 가능성이 충분히 있다고 느끼면 행동 자체를 안 하게 될 위험이 있다는 사실을 인식하는 것이다.

그리고 기대한다고 하는 것은 미래의 결과에 의식을 두는 것이기 때문에 그 함정을 피하기 위해서는 의식의 초점을 지금 하고 있는 행동 그 자체로 돌릴 필요가 있다. 즉, 미리부터 결과에 연연하는 것이 아니라 지금 하고 있는 행동에 집중하는 것이다.

최종 선택한 길이 정답

행동을 방해하는 또 하나의 함정은 '만약에 내가 선택한 길이 틀렸다면 어떡하지?'이다. 이것은 앞서 말한 '실패하면 어떡하지?'에서 파생한 것이라고도 할 수 있는데, 인생에서 큰 결단을 내려야 할 때 특히나 빠지기 쉬운 함정이다. 이 두려움과 불안감의 배경에는 '인생에는 정답이 있고, 그 정답은 하나밖에 없다'고 하는 사고가 숨어 있다. 그러나 과연 그럴까?

인생의 갈림길에 섰을 때 어느 한 길만이 정답이라면 한 발을 내디딜 때 신중할 수밖에 없을 것이다. 그러나 만일 한 길밖에 선택할 수 없는 상황에서 처음 선택하려고 했던 길 말고 다른 길을 선택했다고 하더라도 결국 결과가 어떻게 달라지는지는 확인할 방도가 없다. 선택한 후에 다른 길로 갔어야 했다고 후회해 봤자 정말로 다른 길로 갔다면 아무런 문제가 없었는지는 아무도 모를 일이다. 가장 어리석은 것은 지나치게 신중한 나머지 아무런 결단도 내리지 못한 채 갈림길에서 고민만 하면서 단 한 걸음도 앞으로 내딛지 못하고 있는 모습이 아닐까?

어차피 어느 길이 정답인지 알 수 없다면 나는 스스로 선택한 길이 정답이라고 믿는 것이 정신 건강상 가장 좋다고 생각한다. 가령 그것이 정답이 아닌 것 같은 느낌이 드는 상황이 온다 할지라도 그것을 정답으로 만들어 보일 수 있을 정도의 각오로 임해야 길을 개척할 수 있을 것이다. 그럼에도 불구하고 그 길이 잘못된 길이라고 생각된다면 그때 다시 시작해도 늦지 않다. 인생의 갈림길은 항상 바로 눈앞에 있다는 사실을 명심하자.

천 리 길도 한 걸음부터

어떤 큰 일에 도전하고자 할 때 빠지기 쉬운 함정으로 '한번에 높은 산을 정복하려고 하는 것'을 들 수 있다. 야심 차게 높은 산 정복을 목표로 삼고 열심히 등반하다가 얼마 안 가서 산 정상을 올려다보고 그 아득한 높이에 기가 눌려 발걸음이 떨어지지 않는 패턴에 빠지기 쉽다. 또, 갑자기 높은 산을 오르려고 하면 자신도 모르게 주저하게 되는 경우도 있다. 그러나 이런 리스크를 감수하기 전에 할 수 있는 일들이 의외로 꽤 있다.

내가 이십 대 때 멀쩡하게 다니던 회사를 관두고 미국으로 유학을 가려고 할 때 역시나 처음에는 그 벽이 너무나도 높게 느껴져서 발이 떨어지지를 않았다. 그래서 회사에 사표를 내고 유학을 가는 큰 리스크를 감행하기 전에 내가 할 수 있는 일이 무엇일까를 천천히 생각해 보고 실천에 옮겼다. 유학 관련 잡지나 책을 사서 보기도 하고, 유학원에 문의도 해보고, 이미 유학을 다녀온 사람들을 만나 이야기를 직접 들어 보기도 해봤다. 그렇게 해서 어느 정도 정보가 모이고, 어디서 어떤 공부를 할 것인가가 보이기 시작했을 때 유급휴가를 내고 실제로 미국에 가서 그 학교의 수업을 청강해보았다. 에피소드1에서도 말했듯이 수업에 참관했을 때 신기하게도 내가 그 학교 학생이 되어서 실제로 공부를 하고 있는 모습이 머릿속에 선명하게 그려졌다. 이렇게 수많은 리스크에 대한 작은 행동들을 거듭하면서 처음에는 아득히 높게만 느껴졌던 벽이 어느새인가 꽤 낮아진 것을 느낄 수 있었다.

　'천 리 길도 한 걸음부터'라는 속담이 있다. 이것은 '갑자기 벽이 높은 곳부터 손을 뻗는 것이 아니라 손을 뻗으면 닿을 정도의 부분부터 시작하라'는 것을 의미한다. 더 쉽게 말하면 '할 수 있는 것부터 하라'는 뜻이다. 등산에 비유하자면 산기슭에서 정상을 올려다보며 엄두도 내지 못하고 주저앉기보다 먼저 작은 언덕 하나를 오르는 것을 목표로 하고 일단 걷기 시작하는 편이 낫다는 것이다. 그렇게 하면서 조금씩 눈앞에 '할 수 있는 것'을 하나씩 하다 보면 어느덧 고개를 들었을 때 처음에는 아득히 멀게만 느껴졌던 산 정상이 의외로 가까이 있는 것을 느끼게 될 것이다.

차선 변경

등산을 예로 들어 또 하나 빠지기 쉬운 함정을 소개하겠다. 그것은 바로 '이 길밖에 없다'고 믿는 함정이다. 산을 오르다가 길이 막혀 더이상 가던 길을 갈 수 없게 되었을 때 금방 포기하고 산을 내려와 버리는 것은 물론이고 간혹 '이 길밖에 없다'는 생각에 멈춰 서서 어쩔 줄 몰라 하는 경우가 있다. 산을 오를 때 길이 하나밖에 없는 경우는 드물다. 대부분의 산이 정상까지 오르는 데 여러 루트가 있다. 가다가 길을 잘못 들었을 때 그대로 하산해버리거나 꼼짝 못 하고 어찌할 바를 몰라 할 것이 아니라 조금 돌아가더라도 다른 길을 찾아 '정상을 향해 움직이는 편'이 훨씬 낫다.

조금 더 말하자면, 같은 산을 계속 오를 필요가 없을지도 모른다. 사람들은 보통 여러 개의 산을 한번에 오르려고 하는 경향이 있다. 내가 이번 에피소드에서 소개한 것처럼 스코틀랜드에서 귀국했을 때 체인지 더 드림과 트랜지션 타운이라고 하는 두 개의 시민운동을 동시에 진행했지만, 그렇다고 이 두 운동을 똑같은 비중으로 진행한 것은 아니다. 어느 한쪽이 잘 진행되지 않는다 싶으면 억지로 무리해서 진행하는 것이 아니라 다른 쪽 운동에서 할 수 있는 일이 없을까를 궁리했다. 그리고 그쪽에 집중하다 보면 상황이 바뀌어서 처음 일도 잘 진행되었던 경험이 여러 번 있다.

이것을 다른 표현을 빌려 설명하면 '차선을 변경하는 것'과 같다고도 할 수 있다. 도로에 여러 차선이 있는 경우, 한 차선으로 달리다가 차의 흐름이 좋지 않을 때에는 자연스럽게 다른 차선으로 변경해서 달리던 속도를 유지하는 것이 바람직하다. 행동을 할 때도 마찬가지이다. 하다가 막히면 행동의 루트를 바꾸면 된다. 이때 옆에 다른 차선이 있는데도 불구하고 지금 '이 차선밖에 없다'고 착각하고 속도를 떨어뜨리는 것은 너무 아깝지 않은가?

'일단' 하고 보자

지금까지 우리가 일반적으로 행동을 하는 데 방해 작용을 하는 심리적 요인과 그 대처 방법에 대해 몇 가지 알아보았다. 정리하면 '너무 앞서 생각하지 말고 일단 지금 할 수 있는 일을 하자'는 말이다. 여기서는 특히 '일단'이라고 하는 것이 중요하다. 머리로 지나치게 많이 생각하다 보면 결국은 아무 행동도 못 하게 되는 경우가 많다. 복잡하게 생각하면 할수록 발을 떼기가 두려워진다. '생각을 하지 말라'는 것이 경솔한 인상을 줄 수도 있겠지만, 세상에는 실제로 해보지 않으면 모르는 일투성이다. 따라서 이런저런 변명거리를 늘어놓으며 아무것도 하지 않는 것보다는 한 발이라도 떼는 것이 훨씬 중요하다. 이때 먼저 발을 떼고 보는 경쾌함을 선물하는 마법의 단어가 '일단'이다.

한 가지 주의할 점은 있다. 당신이 행동을 할 때 '그거 해서 뭐하게?' 하는 생각이 먼저 떠오를 것이다. 바꿔 말하면 '그런 일 해 봤자 소용없어'라는 대사가 생각날 가망성이 크다. 그러나 이것도 함정이라는 사실을 잊지 말자. '소용없다'는 말은 사전적으로 '아무런 쓸모나 득이 될 것이 없다'는 것을 뜻하지만, 나는 어떠한 행동에도 의미가 없는 것은 없다고 생각한다. 그런데 행동을 하기도 전부터 의미가 없다고 단정 지어 버린다면 그것이야말로 '의미가 없는' 것이지 않을까?

'안 하고 후회하는 것보다 하고 후회하는 것이 낫다'는 말도 있다. 어떤 행동을 할지 말지 고민된다면, 설령 그 결과가 어떻게 될지 전혀 예측할 수 없다 할지라도 '일단'은 '하고 보는' 쪽을 선택하는 편이 후회가 적을 것이다.

자, 지금 당신은 이유도 없이 해보고 싶은 일이 있는가? 그것은 어떤 일인가? 그리고 그것을 위해 '일단' 가장 먼저 할 수 있는 일은 무엇인가?

비로소, 진정한 나를 살다

Q1. 아무 이유 없이 끌리는 일이 있는지 생각해보고, 그것을 노트에 적어 보세요.

Q2. 가능하다면, 아주 작은 것이라도 상관없으니 그 끌리는 일에 대해 어떤 행동을 취해보세요. 그런 다음 무슨 일이 일어났고, 그 결과 어떻게 느꼈는지 적어보세요.

8장

지금부터가 시작이다

Whatever you have been doing up
until now is a preparation
for what you will be doing from now on

그리고 다시 새로운 길,
잘 살기 연구소(Life Journey) 설립

새로운 스토리를 찾아서

막상 경영에 복귀하니 6년이나 현장에서 떨어져 있었던 만큼 많은 것이 변해 있었다. 여기서 내가 할 수 있는 일이 과연 있을까 하고 생각하니 자신도 없고 잘 되리라는 보장도 없었다. 그럼에도 나를 붙든 건 단 하나, 무언가의 이유로 지금 이곳에서 나를 필요로 한다고 믿고 일단 할 수 있는 일부터 하자는 결심이었다.

숫자상으로만 보면 CTI재팬의 매출은 최근 몇 년간 제자리걸음을 하고는 있었지만, 그렇다고 위기라고 할 만큼 경영 악화 상태는 아니었다. 그러나 숫자로는 보이지 않지만 눈에 보이지 않는 위기가 나에게는 느껴졌다. 그것은 다름 아닌 '스토리텔링 상실'이었다.

한 사업이 존속하고 발전하기 위해서는 여기에 관여하는 사람들이 함께 공감하고, 공유할 수 있는 스토리텔링이 꼭 필요하다. 스토리텔링의 종류에는 여러 가지가 있겠지만, 그중 가장 중요한 것은 '우리는 무엇을 위해 존재하는가?'이다. 물론 이 스토리는 성장과 환경의 변화에 맞추어 달라져야 하고 계속 진화해야 한다. 그런 의미에서 CTI재팬은 창업 이후 십여 년이 지난 지금 처음과 같은 신선함이 이미 사라지고 없었다.

그렇다면 어떻게 하면 다시 새로운 스토리를 만들 수 있을까? 나는 가장 중요한 것이 이 회사를 구성하는 사람들과의 '대화'라고 생각하고, 재취임 후 철저하게 대화의 장을 만드는 데 주력했다.

동일본대지진에서 탄생한 슬로건

새로운 스토리가 탄생하게 된 가장 큰 계기는 2011년 3월 11일에 발생한 동일본대지진과 그 직후에 발생한 후쿠시마 원자력발전소 사고였다. 이 사건은 직접적인 피해를 입은 도호쿠(東北) 지방 사람들뿐 아니라 많은 일본 국민들의 인생관과 세계관을 근본적으로 흔들어 놓았다.

나 또한 이 사건으로 크게 흔들렸지만, 이 상황 가운데에서도 나를 붙들어준 것은 CTI와 체인지 더 드림, 그리고 트랜지션 타운 등의 활동을 통해 배운 것들이었다. 특히 CTI의 코어액티브 코칭과 코어액티브 리더십을 통해 배운 것들은 나 자신이 직면한 상황 속에서 구체적으로 어떻게 생각하고, 어떻게 행동하면 되는지를 알려준 나침반과도 같은 것이었다.

코어액티브는 하나의 스킬이라기 보다는 어떠한 상황에서도 자신을 가장 자기답고 행복하게 살기 위한 지혜이다. 동일본대지진을 겪으면서 이 생각이 더욱 강해졌고, 이것을 많은 사람들에게 하루라도 빨리 전해주고 싶다는 마음이 간절해졌다. 이런 마음 덕분에 새로운 슬로건이 탄생 하였다.

'코어액티브를 더 빨리, 더 멀리'

나만이 할 수 있는 일

경영에 복귀하면서 한 가지 마음먹은 것은 '나밖에 할 수 없는 일을 하자'였다. 그러기 위해서 체인지 더 드림과 트랜지션 타운을 통해 배운 것을 최대한 활용해야겠다고 마음먹었다. 여기서 탄생한 것이 '프로젝트 311'이다. 이 프로젝트는 민간 재해지원단체의 도움을 받아 동일본대지진의 피해가 가장 컸던 도호쿠 지역에 찾아가서 코어액티브 코칭을 실천하는 봉사활동이다.

또, 코칭에 관심이 없는 사람들도 피폐해진 재난 지역에서 서로 소통하고 좋은 인간관계를 만들 수 있도록 돕는 '코어액티브 대화 기술' 프로그램도 만들었다.

이들 프로그램은 코칭의 범위를 넘어 재해석된 활동이었으며, 이 중에는 지금까지 코칭에서 암묵적으로 금기시되어 온 내용들도 많이 포함되어 있었다. 그러나 '코어액티브를 더 빨리, 더 멀리'라고 하는 슬로건에 맞는 새로운 스토리를 탄생시키기 위해서 할 수 있는 일은 전부 해보자는 각오로 임했다.

이런 활동들도 한몫하여 2011년 후반에는 CTI재팬 전체적인 분위기에 밝은 에너지가 넘치기 시작했고, 프로그램 참여자 수도 회사 매출도 눈에 띄게 늘어났다. 2012년이 되자 이전까지는 이렇다 하게 내세울 것이 없던 회사의 대외적인 이미지도 점차 자리 잡아 갔다. 이쯤 되자 이제 내가 CTI재팬에서 할 수 있는 일은 다 했다는 느낌이 강하게 들었다. 그래서 같은 해 6월에 대규모 프로젝트를 하나 더 끝내고 나면 다시 경영에서 물러나기로 했다.

역할의 전환

뒤돌아보면 나는 2000년에 CTI재팬을 설립한 이래 12년간 코어액티브를 비롯하여 체인지 더 드림과 트랜지션 타운과 같이 외국의 훌륭한 활동을 일본에 소개하는 '소개자'의 역할에 충실해 왔다. 그리고 이것들을 소개하기 위해서 회사나 NPO의 형태로 사업을 일구고 운영하는 '지휘자'의 역할도 맡았다. CTI재팬의 경영에서 다시 물러나게 된 지금, 내가 결심한 것은 '이제 이 두 가지의 역할에서는 손을 떼자'였다.

그리고 이제부터는 이렇게 살아오면서 알게 된 점, 배운 점들은 나만의 형태로 정리하고 통합시켜서 새로운 활동을 만들어보자고 생각했다. 이렇게 해서 2012년 말에 탄생한 것이 '잘살기 연구소'이다. 그리고 때마침 후지노에 새로 지은 거처를 기반으로 다시 심기일전하여 완전히 새로운 길을 향하여 한 발내딛기로 했다.

사실 무엇을 해보겠다고 하는 구체적인 계획은 없었다. 그러나 지금까지의 인생에서 경험해 온 것들이 모두 지금부터 하는 일을 위한 준비라는 생각이 강하게 들었다. 지금의 내가 가장

잘 할 수 있는 일, 지금의 나밖에 할 수 없는 일 모색하는 여정이
시작된 것이다.

지금부터가 시작이다

인생은 주사위 게임이 아니다

세상 사람들은 마치 인생을 도착 지점이 정해져 있는 여정이라고 생각하고 누가 더 빨리 도달하느냐에 초점을 맞추어 사는 것처럼 보일 때가 많다. 예를 들어 정치인이 되거나 회사 경영자가 되겠다고 하는 도착 지점을 목표로 삼아 열심히 달리는 것이다. 사람에 따라 내 집 마련이나 좋은 배우자 만나기와 같은 구체적인 목표를 가지는가 하면 부자되기, 유명해지기, 성공하기, 행복해지기 등과 같이 추상적인 목표를 가지기도 한다. 목표가 무엇이든 중요한 것은 그 게임판에서 가능한 한 빨리 '나'라고 하는 말을 다음 칸으로 옮기는 일이다.

그러나 인생은 도착 지점이 정해진 주사위 게임이 아니다. 물론 목표를 가지는 일 자체는 나쁘지 않다. 다만, 목표를 달성하지 못했다고 해서 인생의 가치가 떨어지는 것도 아니며, 설령 목표를 달성했다고 하더라도 그것으로 인생이 끝난 것도 아니다. 인생을 주사위 게임으로 보는 사람들의 특징은 '앞으로 나간다', '앞으로 나가지 않는다'의 이분법적인 결과론 사고를 가지고 있어 그 과정이 가지는 소중한 가치를 알아차리지 못한다. 그래서 빨리 도착 지점에 다다를수록 그다음에 무엇을 해야 할지를 몰라 당황해한다.

실제로 우리 주변에서 연예인이나 스포츠 선수와 같은 유명인들이 '목표 상실 증후군'에 걸려 약물에 빠지거나 경우에 따라서는 스스로 목숨을 끊는 일을 종종 보게 된다. 옆에서 보면 누구나가 부러워 마지않는 성공을 거둔 사람이 왜 그런 극단적인 선택을 하는지 이해하기 힘들 수도 있지만, 계속 앞만 바라보고 달리던 사람이 막상 도착 지점에 도달했을 때 밀려드는 허탈함과 공허함은 상상 이상으로 큰 것일지도 모른다.

게임이 끝났을 때의 두려움

실제로 나도 비슷한 경험을 한 적이 있다. 우연한 기회에 쓴 책이 예상외로 베스트셀러가 되고 그걸 계기로 코칭 회사를 설립해서 어느 정도 궤도에 오르고 나니 더 이상 무엇을 해야 할지 갑자기 막막해지는 목표 상실 상태에 빠졌다. 사업을 더 큰 규모로 늘리면 된다고 생각할지 모르겠지만, 왠지 거기까지는 열정이 끓어오르지 않았다. 다행히도 '지금이야말로 앞으로 나아갈 때다'라고 하는 내면의 소리에 따라 피스보트에 승선하는 것으로 방향 전환을 할 수 있었다.

이십 대즈음에 나는 '서른다섯 살에는 독립해서 세계를 무대로 사업을 펼치고, 책을 써서 출판하겠다'는 목표를 세웠다. 누구나가 인정할 만한 아주 큰 성공은 아니지만, 나름대로 세운 목표를 다 이루고 어느 정도 성공을 거두었다는 느낌이 들었을 때, 이상하게도 그때부터 사업에도 어떤 일에도 열정이 생기지 않았다. 결국 회사 경영에서 물러나고, 스코틀랜드로 이주를 결심했을 때에는 다음으로 무엇을 해야 할지 모르는 막막함으로 괴로움에 빠져 있는 상태였다.

이때 문득 머릿속을 스친 것은 '내가 너무 빨리 게임을 끝내 버린 것일까?'라는 생각이었다. 마치 하늘에서 "그동안 수고 많았구나. 너에게 주어진 역할은 여기가 끝이다"라는 목소리가 들리며 이제 나를 폐기 처분하려는 듯한 느낌이 들었다. 지금 생각하면 웃음이 나오지만, 당시에는 상당히 진지했다. 그러나 그런 경험을 해본 덕분에 이제는 인생은 도착 지점에 다다르면 게임판을 접어야 하는 주사위 게임이 아니라 계속 진화하는 프로세스라고 생각하게 되었다.

인생관이라고 하는 안경

인생을 주사위 게임으로 생각할 것인지, 아니면 계속 진화하는 프로세스로 여길 것인지는 그 사람의 '인생관'에 달려 있다. 사람의 인생관은 실로 다양하여 백 사람이 있다면 백 가지의 인생관이 존재할 것이다. 나는 사람의 인생관도 그렇지만, 사고방식이나 견해도 '맞다, 틀리다' 혹은 '우수하다, 열등하다'로 판단하는 것이 아니라 그것이 그 사람에게 '도움이 된다, 안 된다'로 판단해야 한다고 생각한다.

그렇다면 '도움이 되는 사고방식'은 무엇일까? 한마디로 말하면, 그 사람에게 힘을 주는 생각이라고 표현할 수 있다. 특히 인생관의 경우는 일시적으로 힘을 주는 것이 아니라 일생을 통틀어 힘이 생기도록 하는 것이 중요하다. 인생을 주사위 게임이라고 생각하는 경우 앞으로 나아가고자 하는 힘은 생기지만, 도착 지점에 도달해버리면 목표가 없어져서 의욕 상실에 빠진다. 이것은 일생을 통틀어 힘이 생기도록 하는 것이라고 할 수 없다.

나는 어떤 사고방식이나 견해를 곧잘 '안경'에 비유한다. 자신에게 힘을 주지 않는 견해는 마치 도수가 맞지 않는 안경과도 같다. 이때 도수를 맞는 안경으로 바꾸면 아주 또렷하게 잘 보일 것이다. 실제로 어떤 인생관이 자신에게 힘을 불어 넣어주는지는 사람마다 다르겠지만, 그것이 자신의 인생에 미치는 영향을 생각한다면 어떤 안경을 써야 할지는 신중하게 결정할 필요가 있지 않을까?

인생을 등산으로 볼 것인가, 강의 흐름으로 볼 것인가?

인생관을 말할 때 흔히들 등산에 비유하는 경우가 많다. 산 정상을 향하여 열심히 오르는 모습은 인생을 주사위 게임으로 보는 것과 일맥상통한다. 즉, 정상에 도달하면 '게임 끝'인 것이다. 많은 사람들이 정상에 오르는 일에는 열심이지만, 그 이후까지 생각하는 경우는 드물다. 실제로 인생을 등산에 비유할 때 정상에 오르고 나면 그다음은 이제 내려오는 일밖에 남지 않았다고 생각한다. 만일 내려오지 않는다면 그야말로 '조난'을 당해 목표 상실 증후군에서 빠져나오기 힘들 것이다.

웃고 넘길 일이 아닌 것이 '인생을 등산'으로 보는 안경은 개인의 레벨을 넘어 회사의 레벨에까지 침투해 있다. 특히 나이와 깊은 관계가 있어서 나이가 들수록 그렇게 생각하는 경향이 강해진다. 물론 사람에 따라 차이가 있을 수는 있지만, 대개 사십 대를 정점으로 해서 그전까지는 상승 곡선, 그 이후는 하강 곡선을 그린다고 생각하는 사람이 많다. 종종 오십 대에 들어선 사람들이 '이제는 하산하는 일만 남았다'고 말하는 경우가 있다. 인생을 등산으로 보는 인생관이 얼마나 강하게 뿌리내리고 있는지를 잘 보여주는 예이다.

나는 오히려 인생을 '강의 흐름'으로 보아야 한다고 생각한다. 강은 처음에는 얇은 물줄기로 시작해서 다른 작은 시내들을 만나 점점 굵어진다. 그리고 마지막에는 큰 바다로 이어진다. 인생이야말로 작은 움직임에서 시작해서 점점 굵은 흐름으로 변하는 것이 아닐까? 인생을 강의 흐름으로 보는 인생관은 앞서 제3장에서 소개한 '흐름을 타는 인생'과도 연결된다.

이제 당신은 인생을 등산으로 볼 것인가, 아니면 강의 흐름으로 볼 것인가? 어떤 안경을 쓰느냐에 따라 어떤 인생을 살 것인지가 크게 달라질 것이다. 물론 인생관이라고 하는 안경이 이두 종류밖에 없는 것은 아니지만, 강의 흐름으로 보는 인생관에 대해 조금 더 깊이 이야기를 해보겠다.

인생은 늘 업데이트된다

인생을 '강의 흐름'에 비유했을 때 그 강으로 흘러드는 하나하나의 물줄기는 '경험'이라고 말할 수 있다. 사는 동안 날마다 새로운 경험을 축적하며 살아가는 것이 인생이라고 했을 때 경험들이 쌓이는 것은 물줄기가 모여 큰 강을 이루는 것으로 볼 수 있다. 여기서 주목해야 할 부분은 새로운 물줄기가 합쳐질 때마다 강은 지금까지의 강이 아니라 완전히 새로운 강으로 '업데이트'된다는 사실이다.

우리 인생도 마찬가지이다. 새로운 경험을 쌓을 때마다 계속 업데이트되는데, 의외로 이 사실을 깨닫고 사는 사람이 적다. 가장 큰 이유로는 하루하루 쌓이는 경험을 자신의 자원으로 보지 않기 때문이다. 자원은커녕 아예 의미를 두지 않거나 심한 경우 낭비라고 생각하는 경우도 있다. 그러나 제4장에서도 말했듯이 인생에서 일어나는 모든 일에는 의미가 있으며, 쓸모없는 경험은 단 하나도 없다. 따라서 어떤 경험이라도 그 사람에게 있어 훌륭한 자원이 된다.

하나의 경험을 진정한 의미에서의 자원으로 만들기 위해서는 그 경험에서 가치를 발견해야 하며, 이와 동시에 자신의 인생에 이를 활용해야 한다. 물론 인생의 모든 경험을 다 활용하는 것은 어렵겠지만, 이것들을 의식적으로 자원이라고 인식하면 할수록 활용할 수 있는 여지가 커진다는 사실을 잊지 말자.

경험을 통합하여 인생 업그레이드하기

이렇게 인생에서 경험한 것들을 의식적으로 활용할 수 있다면 단순히 인생이 업그레이드되는 것뿐만 아니라 이 모든 경험이 인생에서 통합되는 것을 느낄 수 있을 것이다. 여기서 '통합된다'는 표현은 '의미가 있는 형태의 일부로 만들어진다' 것을 뜻한다. 새 경험을 하는 것으로는 자원은 늘어나겠지만, 이를 활용하지 않으면 보석을 가지고도 썩이는 꼴이 된다. 보석의 가치는 이것을 어떻게 활용하느냐에 따라 달라진다. 애써 모아서 집 안에 두기만 한다면 그다지 의미가 없다. 그렇다면 경험을 통합한다는 것은 구체적으로 무슨 말일까? 이번에 소개한 에피소드를 예로 들며 설명해보겠다.

아마존에서 경험한 주술 의식을 통해 CTI재팬 경영에 복귀한 나는 처음에는 복귀한 이유를 찾기 힘들었다. 단지 알고 있었던 것은 회사를 설립할 당시와 약 6년 후의 지금의 나는 회사 경영에서 추구하는 바가 달라졌다는 사실 하나였다. 스코틀랜드로 이주해서 체인지 더 드림과 트랜지션 타운을 만나게 되었고, 이들 활동을 일본으로 가지고 와서 활성화시킨 장본인이기에 남들과는 다른 특별한 역할을 할 수 있을 것이라고 생각했다. 그리고 이것을 실현하기 위해 이 타이밍에 다시 한번 내면의 소리를 통해 나를 부른 것이 아닐까 하는 느낌이 들었다.

그 특별한 역할이 무엇이었을까를 지금 뒤돌아 생각해보면 한마디로 말해 '코칭을 임파워먼트하는 것'이었던 것 같다. 코칭 자체가 사람과 조직을 임파워먼트하기 위한 기법이지만,

CTI재팬은 그 당시 이것이 본래 가지고 있는 가능성을 충분히 발휘하고 있지 못했다. 나는 회사를 떠나서 경험한 시민운동을 통해 배운 것을 활용하면서 그 가능성을 이끌어내는 역할을 맡았다고 생각했고, 그것이 구체적인 형태로 나타낸 것이 이번 에피소드에서 소개한 '프로젝트 311'과 '코어액티브 대화 기술 프로그램'이었다.

물론 이들을 통해 코칭을 얼마만큼 임파워먼트했는지는 알 수 없지만, 적어도 나 자신은 지금까지 활동해온 체인지 더 드림과 트랜지션 타운이라는 두 시민운동에서의 경험을 가능한 한 모두 활용하려고 늘 의식하고 있었다. 그 덕택에 이런 경험들이 통합되어 같은 회사 경영이라도 이전과는 완전히 다른 차원에서 나만의 역할을 다할 수 있었다고 생각한다. 즉, 지금까지의 경험을 통합함으로써 인생을 '업그레이드'할 수 있었다.

있는 것으로 만들어라

이렇게 경험을 통합함으로써 인생을 한 단계 업그레이드하고자 할 때 필요한 힘이 있다. 이를 짧게 표현하면 '창의력'이다. 그러나 이것은 우리가 일반적으로 말하는 창의력과는 다르다. 여기에서 창의력은 이미 '있는 것으로 만드는 창의력'을 말한다.

요리하는 방법에는 크게 두 가지가 있다. 무엇을 만들 것인가를 정하고, 부족한 식재료를 사 오는 방법과 냉장고를 열어서 어떤 재료가 있는지 확인한 후 있는 것으로 요리하는 방법이다.

둘 다 창의력이 요구되지만, 인생 업그레이드에서 필요한 것은 후자 쪽이다.

지금까지 인생에서 경험한 것들을 냉장고 속의 식재료로 생각한다면 이것들을 사용해서 어떤 요리를 할 수 있을 것인가가 그야말로 '진짜 실력'인 것이다. 그리고 이들 식재료를 사용해서 요리하는 행위가 경험을 통합하는 것에 해당하며, 완성된 요리는 업그레이드된 인생에 해당한다.

이 예시에서 알 수 있듯이 경험을 통합하는 데 사용하는 식재료, 즉 자원으로서의 경험은 한 가지가 아니라 매우 다양하고, 몇 번이고 재사용할 수 있다는 장점이 있다. 따라서 이렇게 해서 만들어지는 조합의 수는 무한하기 때문에 업그레이드하는 방법은 한 가지가 아니라 생각 외로 넘쳐난다고 말할 수 있다.

하늘이 나에게 레몬을 준다면 레모네이드를 만들자

지금까지 경험에 대해 이야기해보았다. 한 가지 더 추가해서 말하자면 경험에는 자신이 의도적으로 직접 해보는 경험이 있고, 의도하지는 않았지만 자신에게 다가오는 경험도 있을 것이다. 또, 자신이 원했던 경험도 있을 것이고, 원하지 않았던 경험도 있을 것이다. 내가 자원으로 받아들이고 의도적으로 활용함으로써 인생에서 통합해보도록 제안한 경험은 이 모든 경험을 가리킨다. 즉, 의도적으로 해보고 실제로 자신이 원했던 경험뿐만 아니라 의도하지도 않았고 원하지도 않은 경험까지도 포함한다.

의도하지도 원하지도 않은 경험조차도 자원으로 활용하려면 열린 마음과 유연성을 가져야 한다. 내가 미국 유학 시절 많이 들었던 말이 이 의미를 정확하게 설명해준다.

'하늘이 나에게 레몬을 준다면 레모네이드를 만들자'

만일 이때 "아니, 나는 오렌지를 원했다고"라고 불평한다면 더이상의 진전은 없다. 레몬이라고 하는 경험을 했다면 그 레몬에서 가치를 발견하고, 그것을 활용해서 무엇을 만들 수 있을지를 고민할 필요가 있다. 그리고 여기에 설탕이나 벌꿀과 같은 추가 자원(경험)을 조합해서 새콤달콤한 레모네이드를 만들어 보는 것이다.

내 경험을 말하자면, 초등학교 시절 아버지 사업으로 영국에 이주해서 산 적이 있었다. 이곳에서 겪은 인종차별은 그야말로 의도하지도 원하지도 않은 경험이었다. 그 당시는 너무나도 괴로웠고 이후로도 오랫동안 트라우마에 시달려야 했지만, 그 경험이 있었기에 더욱 이문화 사람들과 깊은 관계를 맺을 수 있었고 거기에서 오는 큰 기쁨도 느낄 수 있었다. 지금도 국경을 초월해서 일을 하고 있는 것도 이때의 경험을 인생의 일부로 통합했기 때문에 가능한 일이라고 생각한다. 즉, 그때의 경험이 나에게는 레모네이드가 되었다.

나이가 들수록 가능성은 확장된다

이렇게 생각하면 우리 인생이 얼마나 무한한 가능성을 지니고 있는지 실감 나지 않는가? 더 매력적인 사실은 이 가능성은 나이가 들수록 더욱 확장되는 구조를 가지고 있다는 것이다. 왜냐하면 나이가 들면 들수록 경험의 양도 늘어나므로 활용할 수 있는 자원도 이것들을 조합할 수 있는 다양성도 그만큼 늘어나기 때문이다. 다만, 체력은 나이가 들수록 쇠퇴해지므로 체력을 잘 유지하면서 경험이라는 자원을 한 해 한 해 늘려가 보자.

하지만 아직은 일반적으로 사람들은 사십 대에서 오십 대가 인생의 정점이고, 정점을 지나면 내리막길만 있을 뿐이라고 생각하는 경향이 있다. 이것은 앞서 말한 '인생을 등산이라고 보는 인생관'이다. 우리는 지금 '백세시대'라고 부를 만큼 평균 수명이 늘어난 시대를 살고 있다. 이런 시대에 인생을 등산이라고 생각한다면 자신에게도 손해일 뿐 아니라 이 세상 전체적으로도 큰 손실이 아닐 수 없다.

또, 인생을 사오십 대가 정점인 등산이라고 생각한다면 실제로 신체적으로 쇠약해지기 시작하는 것과 상관없이 의식 자체가 '방어적'이 된다. 오십 세가 넘어서 어떤 새로운 일에 도전하려고 하면 주변에서 "그 나이에 무슨……"이라는 반응부터 돌아온다. 이럴 때 사용할 수 있는 유명한 일화가 있지 않은가? 켄터키 프라이드 치킨(KFC)의 창업자 커널 샌더스가 창업을 했을 때는 이미 육십 세를 훌쩍 넘긴 나이였다. 우리에게 '켄터키 할아버지'라는 애칭으로 유명한 그가 만일 등산 인생관을 가지고

<u>스스로</u> 인생의 한계를 정했다면 지금의 세계적인 글로벌 체인이 탄생하는 일은 없었을 것이다.

일찍이 고령화 사회로 접어든 일본은 인구, 특히 노동력 인구가 감소하고 있어 경제적으로나 사회적으로 심각한 문제가 대두되고 있다. 이 영향을 최소한으로 막기 위해서는 저출산 대책과 여성의 사회활동 증대와 같은 정책뿐 아니라 이러한 기존의 인생관을 뿌리부터 바꿈으로써 더 많은 사람들이 나이와 상관없이 가지고 있는 자원을 최대한으로 활용할 수 있는 사회를 만들 필요가 있다.

인생에는 계절이 있다

이 장을 마무리하면서 마지막으로 한 가지 더 강조하고 싶은 것이 있다. 그것은 '인생에는 계절이 있다'고 하는 인생관이다.

새로운 일이 시작되는 기대감에 들떠 이것저것 시도해보는 '봄'. 그리고 그 안에서 '이거다' 싶은 것이 생기고, 거기에 모든 열정을 쏟으며 바쁘게 일하는 '여름'. 이런 노력의 성과가 결실을 맺음과 동시에 현재를 다시 돌아보게끔 하는 어떤 사건이 발생하고 스스로 반성의 시간도 가지는 '가을'. 그 가운데 솟아오른 인생에 대한 궁금증과 깊이 마주하면서 그동안 소중하게 생각해왔던 것들을 내려놓고, 다음 사이클을 대비하며 자신을 가다듬는 '겨울'.

인생을 시간의 흐름에 따라 일직선으로 진행하는 것으로 여기는 사람들이 많겠지만, 나는 인생을 이런 봄여름가을겨울이

일정 주기로 반복되며 순환하는 것이라고 생각한다.

지금까지의 내 인생을 돌아보면 이 봄여름가을겨울의 사이클이 약 십년 주기로 반복된 것 같은 느낌이 든다.

이십 대 후반에 잘 다니던 회사를 관두고 미국으로 유학을 떠난 것이 겨울. '사람들이 어떻게 하면 활기차게 일할 것인가?' 하는 질문을 가지는 가운데 탄생시킨 '천직창조 세미나'와 이것을 실현하기 위한 방법으로 만난 코칭을 일본에 맞게 접목하며 활동을 한 것이 봄. 그리고 코칭에 관해 쓴 책이 예상외로 잘 팔린 것이 계기가 되어 미국에서 공부한 CTI 코칭 프로그램을 일본에 적용하기 위해 회사를 설립하고, 사업에 매진한 것이 여름. 무리하게 일해 온 것이 화근이 되어 병원 신세를 지게 되었고, 그것이 계기가 되어 피스보트를 타고 세계를 돌며 많은 사람들을 만나면서 지금까지 우물 안 개구리였던 자신에 대한 위기감을 느꼈던 시기가 가을. 그 결과 삼십 대 후반에 회사 경영에서 물러나 '사람들의 가능성을 최대한으로 끌어낼 수 있는 회사란 어떤 것인가?' 하는 질문을 가지고 가족과 함께 스코틀랜드로 이주한 것이 다시 겨울. 그 결과 체인지 더 드림과 트랜지션 타운이라는 지속가능한 미래를 창조하는 시민운동을 만나고 이것을 일본에 소개하는 데까지 온 것이 또다시 새로운 봄여름가을겨울의 시작인 것이다.

그리고 계절이 한 번 순환할 때마다 지금까지 경험해왔던 것들이 통합되어서 인생이 업그레이드되었다. 이렇게 순환하면서 업그레이드된다고 하는 의미에서는 '나선형의 인생'이라는 표현이 적합할지도 모르겠다. 이 나선형 인생을 살아가는 데 있어서 중요한 것은 자신의 인생이 지금 어느 계절에 왔는지를 자각하고, 계절이 바뀌는 타이밍을 놓치지 않는 것이다. 그리고 이때에는 반드시 내면의 소리라고 하는 안에서 나오는 신호와 싱크로니시티와 흐름이라고 하는 바깥쪽에서 들어오는 신호에 주의를 기울이자. 여기서 또 순환이 생길 것이다.

자, 지금 당신의 인생은 어떤 계절에 와 있는가? 그리고 어떤 경험을 활용해서 어떻게 인생을 업그레이드하려고 하고 있는가?

Q1. 앞으로 2주간 경험하는 다양한 일들을 통해 어떤 자원을 얻었는지 생
각해보고, 노트에 적어보세요.

Q2. 이 자원들을 앞으로 어떻게 사용할 수 있을지 생각해 보고, 떠오른 아이디어를 노트에 적어보세요.

　자, 어땠나요? 지금 이 순간, 당신이 앞으로의 인생을 어떻게 살아갈 것인가에 대하여 새로운 가능성과 선택지가 싹트고 있는 것을 느끼나요? 만약 그렇다면 작은 한 걸음이라도 괜찮습니다. 행동으로 옮겨보세요. '쇠뿔도 단김에 빼라'고 하지 않나요? '다음에 하지 뭐'라고 생각한다면 어느새 다시 원래의 인생 패턴으로 돌아가 버린 자신을 발견하고 실망하게 될 것입니다. 의식 레벨의 습관을 바꾸는 것은 행동 레벨의 습관을 바꾸는 것보다 훨씬 더 어렵습니다. 따라서 '흔들림'이 일어난 그때가 바로 지금까지와 다른 사고방식으로 다른 행동을 할 수 있는 기회라는 사실을 잊지 마십시오.

　또 한 가지, 당신에게 전하고 싶은 말이 있습니다. 이 책의 여덟 개의 키 메시지(Key Message)들은 따로따로 분리된 것이 아니라 서로 연결된 하나의 시스템입니다. 예를 들어 흐름을 타기 Key Message 3 위해서는 내면의 소리 Key Message 1를 듣고, 싱크로니시티 Key Message 2를 알아차려서 이유 없는 행동 Key Message 7 을 시도할 필요가 있습니다. 또 자신의 마음속에서 끓어오르는 올바른 물음 Key Message 5은 하나의 내면의 소리 Key

Message 1라고도 할 수 있으며, 이것들은 인생의 목적을 생각해 내는Key Message 6 데에 있어 중요한 역할을 합니다. 그리고 인생에서 일어나는 모든 일에서 의미를 찾는Key Message 4 것이 인생의 목적을 생각해 내는Key Message 6 것으로 이어지고, 이와 동시에 이 모든 것들이 지금부터가 시작Key Message 8 이라는 생각의 토대를 만들어 냅니다.

여덟 개의 키 메시지가 하나의 시스템이라고 말하는 것은 이들 경험에 정해진 순서가 있는 것이 아니므로 시작점은 어디가 되어도 전혀 상관이 없다는 의미도 됩니다. 만약 당신이 여덟 개의 키 메시지 중 어느 하나를 의식하고 실행한다면, 그것이 필연적으로 다른 키 메시지로 연결되는 것을 느낄 것입니다. 따라서 당신이 인생에서 커다란 벽에 부딪혀 지금까지의 방법으로는 그 벽을 도저히 깰 수 없어 살아가는 방식 그 자체를 근본부터 바꾸어야 할 필요를 느낄 때는 먼저 여덟 개의 키 메시지 중 어느 하나라도 상관없으니 가장 마음에 와닿는 것 하나를 골라서 의식적으로 행동에 옮겨 보길 바랍니다.

저 또한 에피소드 8에서 소개해드린 '잘 살기 연구소'를 창립한 이후에도 여덟 개의 키 메시지를 의식하며 인생을 살아왔고, 이 책을 쓰면서 이 메시지들이 제 인생에서 얼마나 큰 지지대가 되어 주었는지 새삼 실감했습니다. 그로부터 5년 정도의 세월이 흐른 지금, 그동안 일어난 주요 사건들을 돌아보면 어느 것

하나 5년 전에 상상했던 것은 없습니다. 그러면서도 지금 생각하면 반드시 '일어나야 할 일들이 일어났고, 저는 지금 있어야 할 자리에 있다'는 확신이 강하게 듭니다.

흔히들 '세상에서 실제로 일어난 일은 소설보다도 기이하다'고 합니다만, 이 책에 쓰인 것들을 의식적으로 실천해보면 그야말로 '소설보다도 기이한' 인생이 펼쳐지는 것을 느낄 것입니다. 그것이 '안정'과 '보장'과는 거리가 먼 삶의 방식일지라도 '놀라움'과 '발견'이 가득한 당신만의, 그리고 가장 당신다운 인생이 된다는 사실은 보장할 수 있습니다. 같은 인생을 산다면 얼핏 안정된 인생으로 보이지만 늘 마음 한구석에 '조금 더 다른 인생이 있지 않을까?' 생각하며 타인이 쓴 소설로 대리만족을 하는 것보다는 내가 소설의 주인공이 되어 그 인생을 적극적으로 살아가는 편이 훨씬 더 재밌지 않을까요? 저는 항상 그렇게 생각하며 살아왔습니다. 그리고 이 책을 출간하는 일이 '진정한 나를 사는' 사람들이 이 세상에 더 많아지는 계기가 되기를 바랍니다.

끝으로, 이 책을 출간하는 데 많은 도움을 주신 분들께 이 자리를 빌려 진심으로 감사 인사드립니다. 아베 후미히코(阿部文彦)·유카코(裕香子) 부부, 잘 살기 학원의 수강생 여러분, 호시 가즈미(星和美) 님, 우쓰데 마사미(宇都出雅巳) 님, 그리고 주샤(春秋社)의 사토 기요야스(佐藤清靖) 님과 야나기 노조미

(楊木希) 님. 여러분의 도움이 없었더라면 이 책이 세상에 나올 수 없었을 것입니다. 진심으로 감사드립니다.

또, 제 인생 스토리가 이 책으로 소개되기까지 큰 역할을 해주신 분들도 많이 계십니다. 에피소드에서는 실명을 밝히지는 않았지만, 이 지면을 빌려 감사의 마음을 담아 인사드립니다. 여러분 덕분에 제 인생에 많은 변화가 있었고, 풍요로웠습니다. 감사합니다.

마지막으로 저의 비상식적인 결단에도 늘 이해와 지지를 아끼지 않았던 아내 마호(真穗), 그리고 새로운 미래를 개척하는 데 항상 활력소가 되어준 내 딸 미나토(湊)에게도 사랑과 감사의 마음을 전합니다. 두 사람이 제 인생에 나타나 준 것은 제가 '진정한 나를 사는' 데 있어 가장 소중한 선물입니다. 항상 고맙고 사랑해.

2019년 5월 〈천직창조_Creative Your Meaningful Work〉라는 워크숍에서 히데상과 저는 리더와 참가자로 처음 만났습니다. 그의 워크숍 콘텐츠는 대단히 훌륭했습니다. 그가 자체 개발한 콘텐츠보다 더 인상 깊었던 점은 영어로 진행된 워크숍에서 히데상이 참가자들에게 보여준 경청 태도였습니다.

히데상은 몇몇 참가자들의 서툰 영어를 매우 주의 깊게 들어주었습니다. 그가 일본에서 코치로서 왕성하게 활동했다는 것을 알고는 있었지만, 그가 참가자들을 배려하고 경청하는 태도는 그 어떤 청자에게도 느껴본 적 없는 경험이었습니다. 히데상은 상대방을 있는 그대로 인정해주었고, 진정으로 존중 받는 다는 것이 무엇인지를 마음 깊이 느낄 수 있게 해주었습니다. 그러면서 제 마음속에 한 가지 소망이 생겼습니다. 그것은 만일에 히데상의 철학을 더 많은 사람들에게 소개할 수 있는 기회가 저에게 주어진다면 참 좋겠다는 바람이었습니다. 실제 그런 일이 펼쳐진다면 그 일은 얼마나 가치 있고 보람된 일이 될까를 상상하니 가슴이 설레었습니다.

꿈은 이루어진다고 하지요. 마침 히데상의 신간이 일본에서 출판되었고, 그 책은 변화 무쌍한 이 시대를 살아가는 많은 이들에게 울림을 줄 수 있는 내용이라는 것을 알게 되었습니다. 저의 꿈은 더 구체화되었습니다. 하루라도 빨리 그가 인생의 경

힘을 통해 얻은 삶의 지혜를 한국 독자들과 만나게 해 주고 싶어졌습니다. 녹록지 않은 과정이 있었지만, 드디어 독자들과 만날 채비를 다 끝냈습니다.

저는 아마 《비로소, 진정한 나를 살다》를 가장 많이 읽은 독자 중 한 명일 것입니다. 읽을 때마다 히데상의 글은 늘 새롭습니다. 솔직하면서 담담하게 써 내려간 그의 글에서는 강한 힘이 느껴집니다. 인생의 갈림길에서 방향을 잃은 저에게 때로는 이정표가, 때로는 따뜻한 위로가 되기도 합니다.

코로나19 이후 인류는 대전환의 시대를 맞고 있습니다. 우리는 각자의 삶에서 이와 유사한 환경 변화를 끊임없이 겪게 될 것입니다. 그때마다 어떻게 사는 것이 진정한 삶인지에 대해 끝없이 고민하고 방법을 찾기 위해 노력하겠지요. 어쩌면 이러한 일련의 과정이 바로 진정한 나를 사는 것이 아닌가 싶습니다.

리파인북은 '어떻게 삶을 살아야 하는 걸까?'라는 질문으로 하루하루 살아가는 독자분들에게 나침반이 되는 책을 만들고 싶습니다. 저희가 펴낸 책을 통해서 단 한 분의 독자라도 삶에 아주 작은 변화가 생긴다면 매우 의미 있는 일이 될 거라 여겨집니다.

오랜 시간 독자분들을 만나기 위해 준비한 리파인북의 첫 책에 많은 관심 부탁드립니다. 앞으로도 리파인북은 삶의 지혜를 전할 수 있는 책을 만들기 위해 최선의 노력을 다하겠습니다. 감사합니다.

펴낸이 **이주연**

비로소, 진정한 나를 살다
Living Your True Self

초판 1쇄	2023년 1월 10일
지은이	에노모토 히데타케 Enomoto Hidetake
옮긴이	이선화
펴낸이	이주연
출판기획	소재웅
제작기획	이정민 D_CLAY
디자인	이정민 D_CLAY
일러스트	강지민
마케팅	이현주
관리	김영은

펴낸곳	리파인북
등록번호	제2021-000032호(2021년 4월 20일)
주소	서울시 성동구 연무장13길9, 아이템플 빌딩 509호
전화	010-8457-3136
팩스	02-469-8652
e-mail	refine.hrd@gmail.com
homepage	www.refine.consulting
blog	blog.naver.com/refine_hrd

ISBN 979-11-981275-0-1 (03300)